ライフストーリー研究に何ができるか

対話的構築主義の批判的継承

桜井 厚・石川良子 編

新曜社

ライフストーリー研究に何ができるか　＊　目次

第9章 **〈対話〉への挑戦**

――ライフストーリー研究の個性 石川良子 217

装幀――虎尾隆

凡　例

トランスクリプトの表記記号については、基本的に桜井厚（2002）『インタビューの社会学』（せりか書房）に従っている。本書で使用している記号は下記のとおり。

＊：聞き手を表す。＊＊と表記する場合もある。
／／：短い同時発話は二重斜線で挟んで挿入する。
（・・）：沈黙を表わす。ドット1個（・）につき約1秒を表わす。
（空白）：音声が聞き取りにくい場合、丸括弧内は空白になっている。
（　）：文意や仕草などを補っている。
（中略）：トランスクリプトで省略した部分に挿入している。

序章　ライフストーリー研究に何ができるか

石川良子・西倉実季[1]

1　「ライフヒストリー」から「ライフストーリー」への転回

本書がタイトルに掲げるライフストーリー研究とは、一九八〇年代からライフヒストリー研究を牽引してきた桜井厚が、『インタビューの社会学――ライフストーリーの聞き方』で明らかにした方法論的立場を指す。その輪郭は、桜井が「自らのライフヒストリー研究の実践的な経験を構築主義の観点に依拠しつつ反省的にとらえ返」すことを通して与えられた（桜井 2004: 374）。ライフヒストリー研究を批判的に継承し、発展させたのがライフストーリー研究であることを、はじめに確認しておきたい。

日本におけるライフヒストリー研究は、中野卓編『口述の生活史――或る女の愛と呪いの日本近代』（中野編 1977）によって幕を開けた[2]。本書は「奥のお婆さん」と皆に呼ばれていた「或る女」の生涯を、彼女自身が「口述」した語りをもとに描き出したもので、そのタイトルには「社会学方法論上の、また、社会調査論上の宣言ともいうべき思い」（中野 [1981b] 2003: 17）が込められている。個人を態度や行為に分解するか、あるいは類型化してひとまとめにしてきた従来の社会学に対し、中野は何より「個人としての人間」に照準した（中野 [1981a] 2003）。そして、被調査者本人の「話しっぷり」（中野 1977: 291）を最大限に活かしつつ、個人をその人が置かれている状況のなかで全体的に捉えることを目指したのだった。

ライフストーリー研究もまた、オーラリティにこだわりながら「個人がこれまで歩んできた人生全体ないしはその一部に焦点をあわせて全体的に、その人自身の経験から社会や文化の諸相や変動を読み解こうとするものである」（桜井 2002: 14）。このように核となる課題を引き継ぎつつ、ライフヒストリー研究とライフストーリー研究で根本的に異なるのは、語りの位置づけである。中野と桜井の共編著である『ライフヒストリーの社会学』に収録された両者の論文を見ると、その違いがよく分かる。

中野は時系列的な編集や各種資料との照合によって個人の語りを日本近現代史に位置づけられると考え、そこに歴史認識を更新する契機をも見出していた。語りが過去の出来事の完全な再現ではありえないことを認めながらも、あくまで「現実に「生きられた生において経験したこと」について語っているのかどうかの信憑性」（中野 1995: 204）を重視したのである。[3] これに対して桜井は、語りは過去の事実と必ずしも対応するものではない、という立場に立つ。語りとは「語り手の経験したことに還元されるのではなく、語り手の関心と聞き手（書き手）の関心の両方から引き出された対話的混合体」（桜井 1995: 228）であり、よって語り手と聞き手のコミュニケーション過程を無視しては理解できないと主張したのである。

大掴みに言えば、ライフヒストリー研究は〝何を語ったのか〟に重点を置き、過去に起きたことの再構成に関心を寄せる。一方、ライフストーリー研究は〝いかに語ったのか〟や〝何のために語るのか〟に問いをシフトさせ、語っている現在、およびそこから続く未来へと射程を広げた。こうした視角の前提となる認識論的立場は、対話的構築主義と名づけられた。次節では、その基本的枠組みを素描したい。

2　ライフストーリー研究の基本的枠組み(4)

2-1　対話的構築主義――従来のアプローチとの相違点

一九九〇年代後半から質的調査の再評価が進むなかで、ライフストーリー研究とその認識枠組みである対話的構築主義は登場した。調査方法論の活発化は「構築主義の隆盛によって言語（およびその使用）と相互行為への着目があらためて高まって」いたことと関係しており（菊池・大谷 2003: 168）、対話的構築主義も「エスノメソドロジー、構築主義、語り（物語）論などと多くを共有するアプローチ」（桜井 2002: 10）として注目を集めることになった(5)。その視座の新しさは、従来のライフヒストリー研究法と対照することで理解しやすくなるだろう。

これまでのライフヒストリー研究法には、実証主義アプローチと解釈的客観主義アプローチの二つがあった。前者においては、既存の理論や概念枠組みから仮説が設定され、それを検証するためにライフヒストリーが収集される（Shaw 1966=1998）。これに対して後者は、多数のライフヒストリーを収集して帰納的推論を重ねていくことによって、それらに通底する部分、つまり個人の主観を超えた社会的現実が見えてくると考える（Bertaux 1997=2003）。演繹か帰納か、データに先立つ仮説かデータに根ざした仮説かという違いはあるものの、社会的事実はただひとつであり、研究者が適切な方法を採用すればそれに到達できると想定している点で、これらのアプローチは共通している。

これに対して対話的構築主義アプローチは、研究者も含めた人びとのやり取りを通じて社会的現実が構成されると考える。その意味で、ライフストーリーは過去の出来事の単なる表象ではなく、語り手と聞き手との対話の産物である。こうした認識は、テープ起こしや語りの提示の仕方に端的にあらわれる。語り手の語ったことだけでなく聞き手の質問や相槌も書き起こし、論文などで引用するときに会話形式のまま提示するのは、語り手のみならず聞き手もまた現実構築に関与していると考えるからにほかならない。

2-2 ライフストーリーの二つの位相――〈物語世界〉と〈ストーリー領域〉

対話的構築主義では、インタビューの場面それ自体が社会的現実の構築の現場として捉えられる。したがって、そこで構築されるライフストーリーの内容がインタビューという相互行為といかに関連しているのかが重要な問いとなる。この問題を具体的に考えていくにあたって桜井が展開しているのが、ライフストーリーの位相に関する議論である。

ライフストーリーには、誰が、いつ、どこで、何を、なぜ、どのようにといった出来事や行為の展開過程を語っている部分と、それらを振り返って現在の心境などを語っている部分とがある。桜井はこれらをそれぞれ〈物語世界〉と〈ストーリー領域〉と呼んで区別した。前者が「出来事が筋によって構成されている語り」であるのに対して、後者は「メタ・コミュニケーションの次元での語りであり、語り手と聞き手（インタビュアー／読者）の社会関係を表わしている」（桜井 2002: 126）。このようにライフストーリーは二つの異なる位相から構成されており、〈物語世界〉は〈ストーリー領域〉に媒介されて成立している。にもかかわらず、これまでのライフヒストリー研究では〈物語世界〉だけが注目され、〈ストーリー領域〉はインタビュー・データとは無関係なものとして扱われてきた。しかし、両者はひとつの言語行為なのであって、切り離しては考えられない。とするならば、インタビューの場面での語り手と聞き手の相互行為を通じて過去の出来事や経験に対する意味づけがなされ、ライフストーリーが生み出されてくるという側面は、今後のライフストーリー研究において無視することはできないはずである。

ただし、だからといってインタビューで語られることがフィクションであるとか、語り手のパフォーマンスであると言っているわけではない。むしろ桜井は、〈ストーリー領域〉は構築主義的な視点で理解できるにしても、〈物語世界〉は「インタビューの場から一定の自律性をもった物語、過去のリアルさをもって成立している」（桜井・小林 2005: 45）と留保をつけている。(6) たしかに〈ストーリー領域〉を構築するのは語り手と聞き手の双方であるが、〈物語世界〉を構築する主導権を握っているのはあくまでも語り手である。しかも語り手は、過去に自分が体験したことを「本当のこと」として語る。語り手が過去のリアルな事実として語っているにもかかわらず、そう受けとめないようなライフストーリー・インタビューは無意味とさえ言えるだろう。

2-3　調査者の立場への自覚——リフレクシビティと調査倫理

〈ストーリー領域〉に対する構築主義的な視点は、インタビューにおける調査者の立場や「聞き取る」という営為への自覚を否応なく喚起した。ライフストーリー・インタビューはもともと、語り手の経験してきたことを比較的自由に語ってもらうことを主眼に置いている。しかし、語り手に本当に自由に語ってもらっているかと言えば決してそうではなく、調査者は「一定の構え（志向性）」（桜井 2002: 171）を保持しており、それにもとづいてインタビュー過程を統制している。(7)

ホルスタインとグブリアムがアクティヴ・インタビュー論の中で指摘するように、実証主義においては、調査者の役割は「公正無私な触媒」とイメージされてきた（Holstein & Gubrium 1995=2004）。調査者の構えは正確なデータ収集を妨げるバイアスとみなされ、調査者はそれらを持ち込むことなく客観的で中立的な態度を保つことが望ましいと考えられてきたのである。解釈的客観主義は語り手の「主体性」を重視する方法ではあるが、ライフストーリーの産出に関わるもう一方の当事者である聞き手の立場には注意を払ってこなかった（桜井 2004）。これに対して対話的構築主義は、調査である以上、調査者－被調査者関係における権力性やインタビュー過程の統制の問題を俎上に載せる。調査者に何らかの構えがあることは避けられない。しかし、調査者は「インタビューに際して一定の構えをもっていることを常態であると認め、むしろその構えがどのようなものであるかに自覚的でなければならない」（桜井 2002: 171）のである。

語り手と聞き手のコミュニケーション過程を通して語りが生み出されているという構築主義的視点は、このように調査者のリフレクシビティに関する議論を呼び起こす一方で、被調査者に対する認識にも変更を迫った。被調査者も調査者と同じように特定の関心を携えて語りを操っている「能動的主体」（桜井 2002: 79）なのであって、単なる情報提供者でもなければ、調査者が好き勝手にできる研究の客体でもない。したがって、相手の不利益を徹底して回避し、「何のための調査か」という問いかけに真摯に応答することがきわめて重要な課題になってくる。社会学領域で調査倫理の問題に先鞭をつけたことも、桜井の貢献のひとつに数えられるだろう（桜井 2002 第２章、桜井 2007 等）。

2-4　語りの社会的コンテクスト――モデル・ストーリーとマスター・ナラティヴ

被調査者が「いかに語ったのか」にいったん注目してみると、ライフストーリーを単に個人の主観的なものとするのはいかに粗雑な考え方であるかがわかる。なぜなら、そこには個人が体験したことをめぐる語りもあれば、あるコミュニティに共有され、そこでの常識の中に埋め込まれた語りも含まれるからである。さらには、個人が生きてきた、より大きな社会や文化を象徴するような語りもある。その一つとして、コミュニティのメンバーであればただちに了解できるような用語法のことを、桜井は「モデル・ストーリー」とよんでいる[8]。

ケン・プラマーが指摘するように、これまで声に出されてこなかった新しいストーリーが語られるためには、それを聞いて支持してくれるコミュニティが不可欠である（Plummer 1995=1998）。このとき、大きな役割を果たすのがモデル・ストーリーである。今まで語る言葉をもたなかった人びとが、モデル・ストーリーを参照することで個人のライフストーリーを語りはじめるのだ。ただし、モデル・ストーリーはそれとは異なる語りの生成にとってときに抑圧的に作用しうることや、個人はつねにモデル・ストーリーを踏襲して語るわけではないことにも注意が必要である（桜井 2002: 250–9）。

桜井はまた、特定のコミュニティを超えた全体社会において支配的に語られており、「文化的慣習や社会規範を表現するストーリー」を「マスター・ナラティヴ」と呼んでモデル・ストーリーとは区別している（桜井 2012: 103）。モデル・ストーリーは、マスター・ナラティヴと同一化することもあればそれに対抗する場合もある。とりわけマイノリティのコミュニティにおけるモデル・ストーリーがマスター・ナラティヴといかなる関係にあるかは、ライフストーリー研究にとって重要な問いとなる。

モデル・ストーリーにせよマスター・ナラティヴにせよ、そこから個人と社会（コミュニティや全体社会）とのあいだの同調、抵抗、齟齬、抑圧といったさまざまな関係を読み解くことができる。構築主義的な視点を強調すると、インタビューの場面での相互行為の分析に目が向きがちになるが、それを超えたより広い社会的コンテクストを考慮に入れる必要がある。

これらの視角や概念のもとに提唱されたのが対話的構築主義である。こうした認識論的立場に立つことで、ライフストーリー研究は従来のライフヒストリー研究の問題関心を引き継ぎながらも、同時に大きく転換することになった。

3　ライフストーリー研究はどう受け止められたか

3-1　普及と批判

『インタビューの社会学』以降、対話的構築主義に触発されたライフストーリー研究の成果が発表されるようになった（書籍として発表されたものを挙げると、蘭 2004, 山田編 2005, 倉石 2007; 2009, 石川 2007, 西倉 2009, 張 2011 など）。桜井は一九九九年より定期的に「ライフストーリー研究会」を主催しており、この研究会でもこれまでに三冊の本を出版している。最初の一冊は、二〇〇二年度に「ライフストーリーとジェンダー」というテーマのもとで取り組まれた成果を精選した『ライフストーリーとジェンダー』（桜井編 2003）である。二冊目は、戦後日本の社会変化を人びとの生活経験のライフストーリーから解釈した論文をもとに編まれた『戦後世相の経験史』（桜井編 2006）である。三冊目は『過去を忘れない――語り継ぐ経験の社会学』（桜井ほか編 2008）であり、現在から未来へと生きられた経験を語り継ごうとする人びとの実践を主題に据えたものである。単なる「語る」から「語り継ぐ」へと焦点を移行させることで、ライフストーリー研究の射程を拡張することが意図されている。これらに収録された論文の書き手のほとんどが大学院生や若手研究者であり、『インタビューの社会学』の魅力に引き寄せられて研究会への参加を希望した者たちだった。対話的構築主義のどの部分に触発を受けたかはさまざまであるが、多くの書き手が、実証主義の枠には収まりきらない調査経験との遭遇により、このアプローチにブレイクスルーを見出している。

ライフストーリー研究会が、当初の数人での勉強会から常時二〇人ほどの参加者をみる研究会になっていくと同時に、『インタビューの社会学』のインパクトは研究会の外部にも及んでいった。もともと幅広い学問領域の成果を土台にした書物だったこともあり、社会学のみならず歴史学、質的心理学、民俗学、日本語教育学など複数分野にまたがって多くの研究者の関心を引きつけ、(9)大きな影響を与えてきた。

若手研究者を中心に対話的構築主義の視点を取り入れた調査研究が徐々に蓄積されるにつれ、ライフストーリー研究の内外から疑問や批判も聞かれるようになった。これらは、桜井自身の方法論的立場に対するものと、その応用の仕方、とりわけ若手研究者による成果に対するものとに分けることができる。桜井の方法論に対する直接的な批判としては、足立重和がライフヒストリー研究の批判的継承という対話的構築主義の出自そのものに関わる重要な問題提起をしている（足立 2003）。また、鶴田幸恵と小宮友根によれば、「相互行為としてのインタビュー」という視点の方法論上の含意は不明確であり、対話的構築主義は独自の方法論にはなり得ていない（鶴田・小宮 2007）。

次に、若手研究者に対する対話的構築主義の用い方に向けられた疑問をみていこう。蘭によると、対話的構築主義が質的社会調査法のひとつとして確立された結果、「語り手の声」や「リアリティ」が背後に退いてしまい、「概して、聞き取られたこと＝語られたこと（内容）が生き生きと実感できず、インタビューの語り手の〝人生〟を知ったという感覚がもたらされない」（蘭 2009: 39）。こうした事態が生じた理由として蘭が指摘しているのは、もとの方法論に含まれていた議論の複雑さや個別の文脈が捨象され、いわばマニュアルとして「消費」されてしまったことである。

『インタビューの社会学』は、倉石一郎が絶妙に表現するように「ある種の「うそ臭さ」を含んだ転倒した呈示」（倉石 2003: 147）になっている。石川良子によれば、マニュアルとしての消費という事態を招いた一因はこうした呈示の仕方にあると考えられる（石川 2012）。どういうことかというと、最初に対話的構築主義という方法論があって、それに従って個々の調査経験が積み上げられたわけではなく、実際にはその反対で、自身のこれまでの調査経験を構築主義の視点で振り返ってみたものに「対話的構築主義」という名前が与えられたのである。ライフストーリー研究に本格的に取り組みはじめた読者は、その蓄積とともにこうした転倒を見破るようになるのであるが、初学者には到底見抜くことができない。そのため、桜井が長年の調査経験のなかで試行錯誤を繰り返しながら編み出した方法論を、どのようなフィールドや問題関心にも汎用できるまさにマニュアルとして受け取ってしまうのである。

マニュアル化とまではいかないにせよ、対話的構築主義を応用する若手研究者にみられる一定の傾向を指摘したものとして、ライフストーリー研究会による論文集『戦後世相の経験史』に対する野上元の書評がある（野上 2006）。一定の傾向とは、「聞き取りにおける聞き手の「とまどい」や「ためらい」、「違和感」や調査の「失敗」経験などを通じて、聞き手＝書き手の実存が叙述のなかにしばしば顔を出しているということ」である。野上によれば、こうした論考は読む者に「「誠実さ」ゆえのある種の「閉塞感」」を与えてくる。「認識における「私」の移動経験を表面化させなければならないのがライフストーリー研究だとすれば、それはいわば語り手と聞き手＝書き手の自意識を「相討ち」にさせる」（強調点は引用者による）と言えるが、このことが「閉塞感」を招くというのである。

3-2　批判への応答

これらの疑問や批判をきっかけに、私たち中堅・若手のライフストーリー研究者のあいだで次第に形成されていったのは、次のような問題意識である。ひとつは、『インタビューの社会学』の「つまみ食い」とも呼べるような現状があるのではないか、というものである。対話的構築主義を標榜する研究成果のなかには、トランスクリプトにおいて聞き手の質問に語り手の語りと同じ位置づけを与えたり、調査者の構えや権力性について自己言及したりといった技法さえとれば、対話的構築主義を実践したことになるかのような印象を与えかねないものも含まれている。なぜ対話的構築主義なのか、この方法論を用いることでいったいフィールドの何を明らかにしようとしているのか。然るべき検討が省略されたまま、桜井が提示した概念や技法だけが都合よく「つまみ食い」されている現状を問い直す必要性を認識したのである。

いまひとつは、こうした疑問や批判が投げかけられてしまうのは、ライフストーリー研究者の側がみずからの方法論についていまだ十分に説明できていないためではないか、というものである。対話的構築主義をうわべの理解で安易に適用しているつもりはない。「誠実さ」を証明するために聞き手の「とまどい」や「失敗」経験を書いているわけではないし、それらを表面化しなければならないのがライフストーリー研究であると考えてもいない。にもかかわらず、マニュアル化しているように映ったり、若手研究者の書くものがまるで判で押したかのように見えたりするならば、それぞれがどのような問題関心のもとで対話的構築主義を用いるのか、その方法論的ねらいが必ずしも明確化されていないことの表れではないか。先述した「つまみ食い」的現状についても、ライフストーリー研究者の側のこうした説明不足とまったくの無関係ではないのかもしれない。『インタビューの社会学』の出版からある程度の時間が経過し、自分たちを宛先とする疑問や批判が投げかけられるなかで、若手研究者たちはみずからの方法論により意識的にならざるをえない状況に置かれることになった。

内外からの疑問や批判に対するライフストーリー研究者による最初の応答は、二〇一〇年度の日本社会学会大会でのテーマセッションである。「ライフストーリー研究の射程と地平」と題するテーマセッションでは、「相互行為としてのインタビュー」という視点とは何のためのものか（西倉 2010）、調査者の経験を反省的・自己言及的に記述する意義とは何か（石川 2010）、対話的構築主義は歴史経験をどのように扱うことができるか（仲田 2010）などの問いに対し、自身の調査経験を実例としながら答えようとする試みがなされた。翌二〇一一年度の日本社会学会大会でも、「ライフストーリー研究の可能性」と題するテーマセッションが開催され、ライフストーリー研究のさらなる方法論的強化に向けて議論が継続された。

これらの問題提起と連動するものとして、小倉康嗣の作品提示論がある（小倉 2011）。小倉は、調査過程を詳細に提示する最大の意義を「読者が、ひとつの社会過程たるライフストーリーの生成プロセスを追体験（追試）できるように」（小倉 2011: 147）促すことに求めている。調査協力者、調査研究者、読者の三者がその社会過程に参与することで新たな社会的現実が構成されていくことこそが、ライフストーリー研究がもたらす「知」であるという。石川良子も同様に、この三者関係に注目して調査者の経験を自己言及的に記述することを意義づけている（石川 2012）。調査者の「地殻変動とも表現したくなるような劇的な変化」（石川 2012: 7）を描写し、その過程を読者も「追体験」することができれば、読者にも同様の変化が引き起こされ、読者自身の認識を深めることに貢献できるのではないかという。

このように、ライフストーリー研究は何をしようとしているのか、いったい何ができるのかを改めて問い直そうとする作業が始められつつある。しかし、依然として応答がなされていなかったり、曖昧なまま放置されていたりする論点もあり、いまだ十分とは言えない。さらに、研究成果が蓄積されるにつれて、ライフストーリー研究者のあいだでも対話的構築主義の捉え方はけっして一枚岩ではないことも明らかになってきた。

4　本書の構成

本書を執筆するのは、ライフストーリー研究を提唱したその人である桜井厚と、桜井の方法論にインスパイアされてきた中堅・若手研究者である。全員、前述のライフストーリー研究会に参加したり、ゼミ生として指導を受けたりするなど、何らかの形で桜井から直接的に学ぶ機会を得てきた。方法論を「みずから使っている方法に対する反省」（佐藤 1995: 10）と捉えるなら、自分なりの方法を掴み取り、言語化できるようになるには、それだけの調査研究の蓄積と時間が必要である。つまり、ようやく中堅・若手研究者自身が、自分の言葉で方法論を論じられるところまで来たのだと言える。

一方、『インタビューの社会学』で対話的構築主義という看板を掲げはしたが、桜井は実際にその立場に沿った作品を発表しているわけではなかった[10]。むしろ対話的構築主義のアイディアを作品に活かしていったのは、桜井のもとに集まった中堅・若手研究者のほうである。それらの成果は、逆に桜井に対して対話的構築主義とは何なのか、それによって何を明らかにしうるのか掘り下げることを要求した。

『インタビューの社会学』の出版から一〇年を経て、ライフストーリー研究はどこまで深まったのだろうか。自らの調査研究の実践を振り返って現在の到達点を確かめるとともに限界を明らかにし、その限界を乗り越える方途を探ること。そのための機会として本書は企画された。これはライフストーリー研究を展開させていくうえで不可欠な作業であり、またライフストーリー研究に投げかけられてきた疑問や批判への応答にもなるはずである。

本書はまず、桜井が自らの調査経験史を辿り直すところから始まる。ライフストーリー研究では語りを語り手と聞き手による「共同制作」とみなすが、それは必ずしも語りが調和的に紡がれることを意味しない。ライフストーリー研究の方法論は調査でのトラブルや不協和音を解きほぐすなかで形が与えられ、そのような齟齬から語り手の生活世界を理解していく道筋をつけようとするものであったことが、冒頭の桜井論文では明らかにされる。インタビューは思うに任せないものだという実感から、ライフストーリー研究は始まったと言ってもいいだろう。研究テーマは多岐にわたるが、どの執筆者もインタビューの難しさ、ままならなさを味わい、折り合いをつけることに苦心してきた。以下に続く各章では、そのような自らの調査経験に根ざして、桜井が切り拓いたライフストーリー研究の可能性を深めることに挑戦する。

ライフストーリー研究の基本的特徴として、インタビューで語りが産出され、知見を得るまでの過程を丁寧に記述していくことが挙げられる。西倉論文は疾患や外傷が原因で外見に特徴がある人びとへのインタビューを実例に、そうした記述の意義を語り手－聞き手－読み手の三者関係の観点から論じている。西倉は、一連の過程を記述することが聞き手の経験を読者に媒介する役割を担っていることに着目する。そして、この対話的構築主義の方法が広義の差別研究においては有効であることを示したうえで、個々の研究にとって適合的な方法を模索することの重要性を提起している。

モデル・ストーリーは、語り手がライフストーリーを語り、聞き手がそれを理解しようとする際に参照する定型的なストーリーのひとつである。青山論文はこの重要概念を理論的に整理し、ゴフマンの相互行為論と接続することで発展させることを試みている。ハンセン病療養所に暮らす人びとへのインタビューから二つの場面を取り上げてフレーム分析を行い、語りの多層的な構造を解きほぐしながら、地道で緻密な語りの分析の方途を示す。

では、モデル・ストーリーはどのように生成し、コミュニティに流通していくのだろうか。このことを考察するにあたってマスメディアの存在は無視できない。酒井論文はメディア機関がいかにストーリーを生み出すのかを問う。一九九〇年代から日本のマスコミで盛んに報道されるようになった在日南米人の犯罪というトピックを、ペルー人コミュニティの有力メディアがどう扱ったのか、それはコミュニティにどのような変化をもたらしたのか、発信者である編集長のインタビューを交えながら描き出している。

酒井論文に引用されている語りはスペイン語を翻訳したものである。今後はグローバル化の進行にともない、母語の異なる人びとのライフストーリーを聴く機会も増えていくだろう。張論文は中国残留孤児の調査における様々なエピソードとともに、翻訳がとくに難しい慣習的な言い回しの扱い、使用言語の選択など、異文化・異言語をもつ人びとへのインタビューで生じる問題を提起している。

ライフストーリー研究は何より語り手として目の前にいるその人を理解することを目指す。ところが、それに対して語り手本人からの抵抗に遭うことがしばしばある。ライフストーリーの作品化に関する議論を手がかりに被爆体験の継承を論じた八木論文では、語り手に寄り添うことに努めながらも相手から拒まれてしまった経験と向き合う。そしてそれを通して被爆体験を語り継ぐとはどういうことか一定の見解を示すとともに、ライフストーリー研究にとって理解の限界に対する認識が不可欠であることを訴える。

語り手は聞き手の言いなりになっているばかりではない。矢吹論文はアルビノ当事者の一人として調査を行い、自らも取材を受けた経験を振り返りつつ、語り手は聞き手の期待を先取りして語りを操っていることを指摘する。そのうえで年配の当事者男性へのインタビューを検討し、彼の独特な語り口に定型的なストーリーに回収されまいとする個別化・主体化の実践と、「ごく普通」から出発する新たなストーリー生成の契機を見て取る。

続く倉石論文も、語り手の経験を理解するという行為の陥穽を突いている。ライフストーリー研究はインタビュー過程での協働作業を通して語りの矛盾やずれを繕い、話の筋道に一貫性を持たせることを重視する。だが、一貫性へのこだわりは語りの過度な秩序化につながり、語り手自身が感じているリアリティを殺しかねない。倉石は福祉教員制度の研究を進めるなかで出会った被差別部落出身の男性へのインタビューを振り返り、非 - 一貫性が伝えてくる「「生きられた生」のごつごつしたてざわり」へと私たちを誘う。

インタビューとは、ままならないことの連続である。それでもライフストーリー研究者は自分自身の頑なさと折り合いをつけつつ、語りから人びとの生きざまを描き出し、個人の生き方や社会のあり方に対する豊かな示唆を得ることに挑み続ける。では、具体的にはどうすればいいのだろうか。石川論文では語りの解釈を語りの重層的な文脈化として捉え直し、二〇〇〇年代初頭に行った「ひきこもり」の当事者へのインタビューを改めて読み解いている。これを通して語りが何年を経てもなお、新たな認識と気づきがもたらされるほどの深みを備えていること、いかなるインタビューも一回限りの出会いであることが明らかにされる。そして、それを存分に描き、読者に伝えることにライフストーリー研究の個性を見出す。

ライフストーリー研究に何ができるか。執筆者一人ひとりがこの問いと向き合うなかで見えたことの意義は、調査方法論という狭い領域に限定されるものではない。かつて、中野卓は「個人の生活史を研究することが、今の社会学を自己革新するために、もっとも必要なことであろうという確信」（中野 [1981b] 2003: 14）のもと『口述の生活史』を発表した。私たちもこの確信を共有している。だが、それから四〇年近くを経た今、私たちはさらなる問いに突き当たっている。学問の社会的地位や調査を取り巻く社会的環境が大きく揺らいでいる昨今、ライフストーリー研究はどこに向かって、どのような問題を提起できるのだろうか。本書はライフストーリー研究の新たなスタートラインである。

【注】

（1）執筆分担は1-4節が石川、2-3節が西倉である。草稿に対してコメントを出し合い、修正・推敲を重ねた。

（2）これ以前のライフヒストリー研究の歴史については、桜井（2002 第1章）、有末（2012 第1章）を参照。また、ライフヒストリー研究の歴史と一九八〇年代当時の国内外の研究動向、およびライフヒストリー研究をめぐる論点を整理した水野（1986）も参照されたい。

（3）ただし、調査者-被調査者関係の重要性やバージョン違いのエピソードの扱いなど、ライフストーリー研究に直接つながる論点は、『口述の生活史』においていくつも見られる（中野 1977: 289-90）。

（4）冒頭で述べたように、本書における「ライフストーリー研究」は桜井が提唱した方法論的立場を指している。もちろん、ライフストーリー研究者は桜井に限られないが、本書の執筆者たちは対話的構築主義をひとつの拠点としてライフストーリー研究を実践してきたことから、このような位置づけをしている。日本の代表的なライフストーリー研究者としては、インタビューでの語りをそのオーラリティ（口述性）に注目して考察している小林多寿子（2009, 2013）、ライフストーリー研究とエスノメソドロジーとの架橋を試みる山田富秋（2011）を挙げておきたい。

（5）ただし、桜井は研究キャリアの初期からシュッツやバーガーの現象学的社会学に依拠しつつ、対話的構築主義の核となる発想を明らかにしている（たとえば桜井 1982, 1983）。

（6）この点について桜井は、『インタビューの社会学』の書評リプライにおいて、「対話的構築主義と言いながらも、私は構築主義的にやや距離をおき、リアリズムを容認しているところがある」（桜井 2004: 375）と述べている。

（7）桜井がこれに気がついたのは、被差別部落での調査を続けていく中でのことである。調査者は、「どんな差別を受けましたか？」といった直接的な質問こそしないにせよ、語り手が感情豊かに被差別体験を語ってくれれば「今日のインタビューはうまくいった」と満足し、そうでない場合は拍子抜けの感を味わったり、回りくどい言い方で何とか被差別体験を引き出そうとしたりする。このような、「被差別部落は差別されていなければならないし、被差別部落の住民はだれもが差別される主体として被差別体験をもっていなければならない」という調査者の側の認識枠組みを、桜井は「差別-被差別の文脈」とよぶ（桜井 2002: 169）。差別には、ある人びとを類型で捉え、一人ひとりの個性や多様性を見ない強力なカテゴリー化をともなう。差別-被差別の文脈で実施される調査が、この文脈から外れた語りを無視したり抑圧したりするとすれば、それは差別のカテゴリー化と本質的には何ら変わらないことになってしまう。

（8）桜井によれば、被差別部落でのインタビューを重ねていくと、個人の固有の経験を語ってもらっているはずなのに、しばしば同形の語りに出会うという。それは、当時はそこに差別的な意味合いが込められていることに気がつかなかったが、解放運動に関わることではじめて被差別体験として自覚され、「忘れられない体験」になったという語りである。これは、解放運動のコミュニティの「用語法」のひとつである。

（9）二〇〇三年に設立された日本オーラル・ヒストリー学会の学会誌『日本オーラル・ヒストリー研究』には、『インタビューの社会学』の影響を受けたと考えられる論文がいくつか収録されている。このほか、質的心理学会の機関誌『質的心理学フォーラム』創刊号の特集「インタビューという実践」（二〇〇九年）、現代民俗学会の第一三回研究会「社会学・口承文芸学におけるオーラリティ研究の展開」（二〇一二年）、日本語教育学会二〇一三年度春季大会パネルセッション「日本語教育におけるライフストーリー研究の意義と課題」など。

（10）桜井は二〇〇五年に被差別部落での長年にわたる調査の成果として『境界文化のライフストーリー』を発表したが、本書も対話的構築主義の立場に沿う作品であるとは言い難いように思う。作品自体の評価は別として、対話的構築主義に基づくライフストーリー作品を期待していた読者としては、肩透かしを食らわされたような気分になったことを覚えている。

【参考文献】

足立重和（2003）「生活史研究と構築主義――「ライフストーリー」と「対話的構築主義」をめぐって」『社会科学論集』40・41: 219–31.

蘭由岐子（2004）『「病いの経験」を聞き取る――ハンセン病者のライフヒストリー』皓星社

――――（2009）「いま、あらためて〝声〟と向きあう」『社会と調査』3: 38–44.

有末賢（2012）『生活史宣言――ライフヒストリーの社会学』慶應義塾大学出版会

Bertaux, Daniel（1997）*Les Récits de Vie: Perspective Ethnosociologique*, Éditions Nathan. ＝小林多寿子訳（2003）『ライフストーリー――エスノ社会学的パースペクティブ』ミネルヴァ書房

張嵐（2011）『「中国残留孤児」の社会学――日本と中国を生きる三世代のライフストーリー』青弓社

倉石一郎（2003）「書評『インタビューの社会学――ライフストーリーの聞き方』」『ソシオロジ』48（1）: 146–50.

――――（2007）『差別と日常の経験社会学――解読する〈私〉の研究誌』生活書院

――（2009）『包摂と排除の教育学――戦後日本社会とマイノリティへの視座』生活書院
Holstein, J. A. & J. F. Gubrium（1995）*The Active Interview*, Sage.＝山田富秋・兼子一・倉石一郎・矢原隆行訳（2004）『アクティヴ・インタビュー――相互行為としての社会調査』せりか書房
石川良子（2007）『ひきこもりの〈ゴール〉――「就労」でもなく「対人関係」でもなく』青弓社
――（2010）「ライフストーリー研究における調査者の反省的な記述について」日本社会学会第八三回大会報告要旨
――（2012）「ライフストーリー研究における調査者の経験の自己言及的記述の意義――インタビューの対話性に着目して」『年報社会学論集』25: 1－12.
菊地裕生・大谷栄一（2003）「社会学におけるナラティヴ・アプローチの可能性――構築される「私」と「私たち」の分析のために」『年報社会科学基礎論研究』（2）：167－83.
小林多寿子（2009）「声を聴くこととオーラリティの社会学的可能性」『社会学評論』60（1）：73－89.
――（2013）「「福翁自伝」におけるオーラリティと多声性――声の分析の試み」山田富秋・好井裕明編『語りが拓く地平――ライフストーリーの新展開』せりか書房、144－66.
水野節夫（1986）「生活史研究とその多様な展開」宮島喬編『社会学の歴史的展開』サイエンス社、147－208.
仲田周子（2010）「ライフストーリー研究における歴史と経験――日系ペルー人強制収容経験の語りを手がかりに」日本社会学会第八三回大会報告要旨
中野卓編（1977）『口述の生活史――或る女の愛と呪いの日本近代』御茶の水書房
――（1981a）「個人の社会学的調査研究について」『社会学評論』32（1）.（再録：（2003）『中野卓著作集生活史シリーズ1 生活史の研究』東信堂、23－45）
――（1981b）「個人生活史の方法論」『月刊百科』228：16－9.（再録：（2003）『中野卓著作集生活史シリーズ1 生活史の研究』東信堂、11－22）
――（1995）「歴史的現実の再構成――個人史と社会史」中野・桜井編『ライフヒストリーの社会学』弘文堂、191－218.
西倉実季（2009）『顔にあざのある女性たち――「問題経験の語り」の社会学』生活書院
――（2010）「ライフストーリー研究における「語りの方法」――何のための相互行為分析か」日本社会学会第八三回大会報告要旨

野上元（2006）「書評　桜井厚編『戦後世相の経験史』」『週刊読書人』第二六四九号
小倉康嗣（2011）「ライフストーリー研究はどんな知をもたらし、人間と社会にどんな働きかけをするのか――ライフストーリーの知の生成性と調査表現」『日本オーラル・ヒストリー研究』7: 137–55.
Plummer, Ken（1995）*Telling Sexual Stories: Power, Change and Social Worlds*, Routledge. ＝桜井厚・好井裕明・小林多寿子訳（1998）『セクシュアル・ストーリーの時代――語りのポリティクス』新曜社
桜井厚（1982）「社会学における生活史研究」『南山短期大学紀要』10: 33–51.
――――（1983）「生活史の第一義的意味――個人の生活世界の理解」『南山短期大学紀要』11: 81–97.
――――（1995）「生が語られるとき――ライフヒストリーを読み解くために」中野・桜井編『ライフヒストリーの社会学』弘文堂、219–48.
――――（2002）『インタビューの社会学――ライフストーリーの聞き方』せりか書房
――――（2004）「「インタビューの社会学」書評論文リプライ」『社会学評論』55（3）: 374–77.
――――（2005）『境界文化のライフストーリー』せりか書房
――――（2007）「ライフストーリー研究における倫理的ディレンマ」『先端社会研究』6: 87–113.
――――（2012）『ライフストーリー論』弘文堂
――――編（2003）『ライフストーリーとジェンダー』せりか書房
――――編（2006）『戦後世相の経験史』せりか書房
――――・小林多寿子編（2005）『ライフストーリー・インタビュー――質的研究入門』せりか書房
――――・山田富秋・藤井泰編（2008）『過去を忘れない――語り継ぐ経験の社会学』せりか書房
佐藤健二（1995）『流言蜚語――うわさ話をよみとく作法』有信堂
Shaw, Clifford R.（1966）*The Jack-Roller: A Delinquent Boy's Own Story*, University of Chicago Press. ＝玉井眞理子・池田寛訳（1998）『ジャック・ローラー――ある非行少年自身の物語』東洋館出版社
鶴田幸恵・小宮友根（2007）「人びとの人生を記述する――「相互行為としてのインタビュー」について」『ソシオロジ』52（1）: 21–36.
山田富秋（2011）『フィールドワークのアポリア――エスノメソドロジーとライフストーリー』せりか書房
――――編（2005）『ライフストーリーの社会学』北樹出版

第1章　モノローグからポリフォニーへ
――なにが私を苛立たせ、困惑させるのか

桜井　厚

ライフストーリーへ

このところ自分の過去をふりかえる機会が多い。定年という人生の折り目に遭遇して過去の自分の研究歴などを語ることもあって、これまでの人生の清算を促される機会がふえたからだ。ライフストーリーやオーラルヒストリーは過去の経験に関わる研究法だから、これまでは他者の人生経験を図々しくも尋ねることに永年たずさわってきたことになる。しかし、いざ自分の人生をふりかえって、他人に語るとなるといささか気恥ずかしい。それに、当然ながらあまりふれたくない部分もある。そんな我が身をふりかえると、自己の経験を私たちに語ることに抵抗を感じたり、ときに不快になったりした人もいたであろうと容易に推測できる。私が実践してきたライフストーリー研究法が不遜で尊大なものになっていたのではないか、フィールドで出会った人びとの顔が思い出されてあらためて反省しきりである。

さて、いろいろ過去資料や雑文などの詰まった段ボール箱をひっくり返しているうちに薄汚れた冊子を発見した。『呼松町住民の意識　一九七五年度社会調査実習報告』（東京教育大学社会学教室 1976）とタイ

トルのついたその冊子は、その発刊の二年後に予定されていた東京教育大学の閉学にともなって最後の学部学生である社会学科三年生が、すでに報告書印刷費用も予算化されていないなかで制作した手作りの「報告書」である。和綴じ製本に手書き文字のタイトルの表紙を貼り付けただけの粗末なもので、すでに表紙ははがれかかっている。当時、廃学間近で大学院在籍者も少なくなって、私は指導教員ではなかったけれども中野卓教授に乞われて調査助手として学科最後の調査実習に参加したのであった。この調査実習の予備調査と本調査で、中野さんはその二年後に出版されてライフヒストリー研究の先鞭をつけた『口述の生活史』の語り手、「奥のオバァサン」と出会ったのであった。とにかく私は突然の依頼を引き受け、あわただしく調査票作成の合宿に参加、予備調査にも同行し、本調査の際は学生の調査票のチェックに忙殺された。「調査実習報告書」には学生が調査票の分析を執筆したが、私自身は調査実習のテーマである「公害による集団移転問題に関する住民意識調査」の内容そのものには十分関与しなかったので、調査論に関わる小論で参加者の一員としての責めを果たしたのだった。

「社会調査における若干の問題点」と題する私の手書きの論文はきわめて拙いものである。しかし、ひさしぶりに眺め返すと自分でも驚いたのは、その小論に込められた意図や主旨がライフストーリー研究を続けてきた現在とほとんど変わっていないことだった。それは四〇年近くたってもあまり成長のない自分を突きつけられた思いでもあったが、その内容は、調査者を〈主体〉、調査協力者を研究対象として文字どおり〈客体〉化する従来の固定的な調査の関係のあり方に疑問符をつけ、調査協力者も調査者にまなざしを向ける〈主体〉であることを、現象学的社会学の「視界の相互性」論から説こうとしたものであった。こうした見方は、結局、その後の調査経験で実際に確認することになるのだが、執筆時には、まだ学部生時代の調査実習とこのときの調査助手の役割のわずか二回の調査経験しかない身では、経験的に立ち上がってきたものとはとうていいえない。むしろ社会学を始める以前からの思いだったのではないか、と今更ながら思うのである。

私がエンジニアになる道を歩き始めてすぐに転身し、社会学を学ぶために東京教育大学文学部に学士入学したのは、表向きは技術労働者研究のためであったが、もとをただせば大学闘争のただ中で学生時代を過ごして人並みに迷い、社会の見方やその基盤となる人間関係や社会関係のあり方を考えたいと思ったからであった。当時は、自由でありながら他者を傷つけない対等な関係のあり方を模索していた。それは若者にありがちな過剰な自意識と社会の理念像についての思い込みであったにちがいないが、他者との関係やコミュニケーションのむずかしさを体験的に感じていたことが背景にあった。調査票をもって各世帯を訪問し対面的にインタビューをする社会調査においても、人間関係やコミュニケーションのむずかしさを同じように感じたと思う。中野さんとの出会いは、直接、私をライフヒストリー／ライフストーリー研究へと誘うことになったが、そこに至ったのはもとをただせば人間関係やコミュニケーションの困難さであり、それを基礎とした調査方法論への関心だったのではないか、と思われるのである。ほとんど朽ちようとしている「調査実習報告書」の私の小論との再会は、そんな思いをめぐらせることになったのであった。

1　インタビュー過程の虚と実

1-1　共同制作は虚像か

ライフストーリー研究において、私はことあるごとに語りが語り手と聞き手（インタビュアー）との相互行為による「共同制作」「共同作品」であることを強調してきた。この見方は他の研究者にも少なからず容認され、一定の理解を得ているように思われる。そのうえで、インタビューにおける言語的コミュニケーションがどのような場合でも「共同制作」過程であり、ストーリーが「共同作品」として生成されるのか、と正面切って問われると、いくらか答えに窮するのではないだろうか。なにをどの程度「共同」と考えるのかで、いろいろな意見がありそうである。たしかに、聞き手の問いかけや相づち、話の促しなどがあって語り手のストーリーが展開する。そうしたストーリーのプロットは、ただ語りを主導する語り手によって構成されるだけでなく、サポーティブな役割を担うインタビュアーの発話によっても左右される。ときには相互のやりとりを重ねるなかで、インタビュアーが語った解釈やストーリーが語り手によって取り入れられて語り手の物語として語られことともありえることも鑑みれば、そのことの善し悪しは別としても、ストーリーが文字どおり「共同制作」による構成物であることは間違いない(1)。

ところで、「共同制作」そのものについては、上記のような調査インタビューのコミュニケーションが滞りなく進展し、語り手の声とインタビュアーの声が調和的に語り手のモノローグ的な物語を構成することだけを想定すればよいのだろうか。実際のライフストーリー・インタビューでは、ストーリーが十分に形成できない一問一答型のインタビューになったり、自己の経験が語られずに説明的な語りに終始したり、インタビュアーの聞きたいことと語り手の語る内容が食い違ったり、聞きたいことが回避されたり、突然、語り手が黙ってしまったりなど「思いがけない」ことが起きる。これらはライフストーリー・インタビューを試みたものならだれもが多少なりとも経験したことではないだろうか。わが身を振り返っても、そうした戸惑いや困惑を覚えた経験が数多く思い起こされる。そして、いま考えると、どちらかと言えば、その違和感や戸惑いなどをとおして語りの解釈や語り手の生活世界を理解する手がかりにしてきたのではなかったか、と思われるのである。そう考えると「共同制作」とは、語り手と聞き手の相互行為の重要性を強調するにあたってのたんなる述語にほかならず、相互行為の別の言いまわしであって、文字どおりの意味のモノローグ的物語をつくりだす「共同」ではなかったのではないか、という疑いがわいてくるのである。そこで、私自身の調査経験をたどりながら、ライフストーリー・インタビューにおいて苛立ちや違和感、そして戸惑いを感じた事例をもとに、自らの調査経験史を反省的にとらえ返して調査協力者とインタビュアーの間に生じた不協和音やトラブルを「共同制作」という観点から見直してみたい。

1-2　ライフヒストリー調査の調和性

私のフィールドワーク、なかんずくライフヒストリー調査は、一九八〇年代、琵琶湖の汚染問題に関係して鳥越皓之氏を中心に編成された環境問題の調査グループに加わったことに始まる。このときはライフヒストリー研究を念頭におきながらも、伝統的な水利用であるむら内を流れる川の水利用とその汚染にともなう簡易水道の敷設の経緯を、とくにむらのリーダー的存在の一人の個人の生活史をとおして跡づけようとした（桜井 1984）。インタビューによる語りは、当時、ナラティヴの特性ではなく社会的リアリティを表すと考えていたので、のちのライフストーリーの方法論としては「解釈的客観主義」あるいは「リアリティ派」と分類される立場から収集している。何度も湖西のむらに足を運び、日常の生活を観察し、むら人と会話しながら水利用の聞き取りを重ね、中川太重さんという個人がむらの中を流れる小さな川とどのようなつきあいをしてきたかを彼の語りと重ね合わせながら、過去の水利用の変遷を跡づけたのである。生活史の出来事を時系列的に歴史年表の上に配置することも試みた。

人びとの語りをどのように解釈するかは、フィールドワークにおける難題であり醍醐味であることは、昔もいまもかわらない。なにげない言葉や表現のなかに含まれる金言のような一滴に出合う楽しみはフィールドワークにつきものである。琵琶湖の西岸、湖西のむらで聞かれた「三尺流れれば水清し」「三尺流れれば水神さん」といったフレーズは、当時、各地で語られていた水の清浄さへの伝承、川への信仰の類の表現であった。なかでも、いまでも覚えている印象深いフレーズが二つある。ひとつは、「同じむらのものなら同じ水を飲む」というものだ。私たちが数年にわたって訪れた湖西のむらは川の上流域と下流域で水利用の仕方が異なった。川の汚染の問題から簡易水道敷設の話がもちあがったとき、下流域には敷設に反対の人もいた。そのとき説得と納得のフレーズとして機能したのが、それであった。もうひとつは、やはり簡易水道敷設に尽力したリーダー格の男性の言葉である。「私がやったんじゃない、時代がそうさせた」というものである。水道敷設当時の語り手の関わり方について語り手の個人的尽力を私が評価したことに対して、時代が自分にそうした役割を担わせたのであり、語り手個人の努力によるものではないと応えたのである。個人がむらという集合体の一員であると自己認知していることを明確に証す語りであった。これらのフレーズはとても論理的とはいえないが、いずれも当時のむらびとの水利用の心情に通じるものであり、むらの共同性と連帯性が息づいている時代を物語るフレーズでもあった。

このライフヒストリー調査は水利用が川から簡易水道、上水道へ変わる過程がテーマであるので、歴史のクロノロジーに照らしながらテーマに適合する語りを中心に収集した。したがって、調査協力者もその変化によく通じている中川太重さんにお願いし、彼の語りもテーマに関連する部分をトランスクリプトしたにすぎなかった。調査者協力者への選択から語りの内容まで、私のテーマに適合的な質問をすることで彼のライフヒストリーを構成したのだから、語りはテーマの文脈に調和的であり、私の立場性はとくに問われることはなかった。したがって、調査協力者の語りに私自身がとりたてて違和感や苛立ちを感じることもなかったのである。

1―3　調査者自身が問われる対象に

こうしたフィールドワークの状況は、その後の被差別部落のライフヒストリー／ライフストーリー調査で一変する。たまたま奈良の被差別部落のライフヒストリーの共同調査に参加したのが、私がその後二〇年余りも関わることになる被差別部落のライフヒストリー／ライフストーリー調査の最初の機会となった。福岡安則氏をリーダーとする調査グループのメンバー六人は、私以外はそれまで多少なりとも差別や人権問題に関わっていたが、ライフヒストリー調査経験はいずれも初めてだった。奈良盆地を囲む山々の南端の中腹に位置する小林部落は、住井すゑの『橋のない川』のモデルともいわれる被差別部落である。地区内でも信頼されている仲介者の自宅で宿泊をし、その仲介者の紹介によって調査協力者が選ばれ、一度に数人の協力者に対してグループメンバーがインタビューする形式である。午前と午後にグループ・インタビューがおこなわれ、夜は仲介者の自宅で、地区内のひとびとが招かれて同じようにグループ・インタビューがおこなわれた。グループメンバーは、仲介者の指示通りに動き、それ以上の自由な動きを慎む傾向があった。午前十時から集会所ではじまるグループ・インタビューに出かけるまで、メンバーは朝食後、仲介者の自宅で新聞を読むなりしながら過ごしていた。しかし、私のフィールドワーク経験からすれば、この時間こそむらの中を知る自由な機会にほかならなかった。そこで、ひとりで散歩に出かけることにした。むらの状況を少しでも知ることができれば、人びとの語りをとおして彼らの生活世界をよりよく理解することにつながると考えていた。

むらでは履物産業が古くから盛んで、かつては草履、当時はサンダルが家内工業で製造されていた。五〇歳代以上の夫婦のいるほとんどの家でサンダル製造がおこなわれていた。散歩をしながら、開けっぴろげの窓から声をかけて仕事の話を聞いたり、途中で出会ったむらびとと言葉を交わしたりした。仲介者の名前をあげて調査の主旨を告げると、だれもが快く会話に応じてくれた。あるとき、グループ・インタビューの最中に、朝の散歩中に出会った老人が昔の草履をもって集会所にやってきた。朝方、散歩中に昔の草履作りの話をした老人が戦時中の古い草履をもってきてくれたのだった。私は、グループ・インタビューを中座し、老人の応対をし、お礼をして一〇分ほどで席にもどった。ところが、インタビュー終了後に、リーダー格の福岡さんがインタビューの場を壊したとひどい剣幕で怒っている。私の勝手な振る舞いに対する苛立ちであり怒りだった。もっとも、私にはスケジュールから逸脱した出来事が起きたことに対し、リーダーの統制が及ばなかった責任感による狼狽の現れのように思われた。グループ・インタビューであり、実際、インタビューそのものは問題なく進行したはずで、何の問題も感じなかった。それに、私には他者の世界に入り込むフィールドワークにおいてスケジュール通りに事が運ぶと考えること自体、すなわち調査者の統制が及ぶと考えることが邪道に思われたのであった。社会調査における苛立ちや違和感は、じつは調査協力者にではなく、まず自分を含む調査者の立場性に関わって始まったのである。

インタビューにおける違和感も、自らもその一員である調査者そのものに向けられた。ひとつは、インタビューがはじまってまもなく個人のライフヒストリーを子ども時代から聞き始めていたとき、調査者の一人が「子どもの頃の遊びは何をしていましたか」と尋ねた。ところが語り手は期待に反して「遊んでいる暇なんどありまっかいな」と、吐き捨てるように応えたのであった。ここには、問いそのものに対する語り手の苛立ちがあった。問いがあまりに語り手の子どもの頃の経験と違っていたために、思わず返答の態度に表れたのである。聞き手にしてみれば、自らのライフヒストリー経験から、また教育社会学専攻の学問的な背景から自然に発された問いであったが、貧しい幼少期を過ごした語り手の経験とは大きく食い違った。ただ、問いを発した調査者はそれをたいした齟齬とは見なしていないようだった。私は、のちにこの調査プロジェクトの一端を学会報告した際に、ライフヒストリー・インタビューの特質としてこの齟齬を取りあげた。

もうひとつは、私自身に向けられた苛立ちである。ある女性の語り手の家族についてのインタビューで、高校生の息子について語り手が一瞬、口を濁した。私はそれを見逃さずにインタビューの終わり頃あらためて息子さんの様子を尋ねたところ、差別を受けて不登校になっている状況を訥々と語り始めた。不謹慎な言い方だが、聞き手にとっては被差別者へのインタビューでは被差別体験こそが耳寄りな体験であり、調査者としてとても「おいしい」話である。当時、私はそう思っていた。この被差別体験の語りを含む調査報告の出版では、仲介者の承諾を得たものの語り手本人に掲載許可の確認をしなかったため、出版後、語り手から削除要請が来て私たちは慌てて改訂版を再版しなければならなかった。この事態は、調査協力者への倫理的配慮の問題だけではなく、私が語り手にあらかじめ想定した語りを聞いていたことに気づかせた。この二つの経験から調査者が自分の先入観や期待をもとに語りを聞き、その結果、聞きたいストーリーを聞いているのではないか、という思いに駆られた。もしそうなら、語り手の苛立ちや不安感には思いを致すこともなく、調査者にとっては耳障りのよい予定調和的な語りだけが聞かれても不思議ではない。この調査者の態度を、私はのちに「構え」と呼ぶことにしたのであった。

1-4　構造的非対称性の顕れ

社会調査においては、古くから調査者と調査協力者との関係に注意が払われてきた。とくに互いの信頼や友好を意味する「ラポール」の重要性はつとに指摘されてきたことである。しかし、その言葉には、常にデータ収集のための手段という操作的な意味がつきまとっていたことはすでに指摘した（桜井 2002）が、本来の意味での「ラポール」の重要性もさることながら、むしろ社会調査においては、互いの目的の違いからいっても調査者と調査協力者とは非対称な権力関係であることを認識するほうが必要であり、重要といえるだろう。被差別部落のフィールドワークに入ってまもなく、この問題に気づかされることになった。マイノリティ問題の調査であれば、むしろ調査に入る以前から構造的な非対称性に気づいていて不思議ではないと思われるかもしれないが、経験的研究は調査者‐調査協力者関係のあり方といえどもデータによって常に具体的でリアルなものとして目の前に提示されるところから出発する。だから、琵琶湖の環境問題の調査であろうとマイノリティ問題としての被差別部落の調査であろうと、フィールドへの関わり方においては何の違いもないはずであった。つまり、私の被差別部落のフィールドワークは非対称性を前提としないところから始まったのだが、実際には至る所で非対称性の問題にぶつかることになったのである。

奈良の被差別部落でのライフヒストリーの共同調査が終わってからも、私個人は継続してインタビュー調査に入った。顔見知りの高齢女性に「老人憩いの家」で話を聞いていたときに八〇歳代の女性がやってきた。話の輪に加わってもらうため挨拶をし、私は名刺を差し出した。その名刺を受け取るか取らないうちに、その高齢女性は小柄な身体からは想像できない力強い声で叫んだ。「わし、字ぃひとつも知らんのやぜ、先生（せんせ）、アンタ（名刺）くれても」。私は一瞬狼狽し、知人女性は「まぁまぁ」ととりなす言葉を発した。老婆の声の大きさは耳が遠いせいだとそのあとわかったのだが、この瞬間、被差別部落住民に非識字者が多いという情報が私の脳裏を一瞬かすめ、その想像力が及ばなかった自らの振る舞いに苛立ち、反省した。なにげない私の振る舞いが互いの生活世界の非対称性を際立たせたのである。この非対称性こそ、互いが生きる世界の構造的非対称性を象徴的に表していた。その一端が、こうしたフィールドでの出来事をとおして私の目の前に顕現したのであった。そして、すでに述べた「子ども時代の遊び」に関するインタビューの問い・応答にみられる齟齬も、それぞれの生活世界や社会的位置の差違とつながる構造的非対称性に由来しているにちがいないことに気づいたのであった。

しかし、この構造的非対称性が調査者と調査協力者の権力関係そのものだ、言い換えれば調査者「権力性」や「暴力性」を物語る、と即断することはいくらか拙速であるといわざるをえない。私自身、調査協力者からインタビュー終了後に「警察の尋問みたい」という不快感をこめたいくらか怒りも混じった言葉を投げかけられたことがある。こうした言葉が発せられることは必ずしも特別なことではないようで、民俗学の橋本裕之も同じような事例を紹介している（橋本 2008）。ただ私は当初、なぜこの言葉が語り手から発せられたのかが理解できなかった。とにかく、うろたえ語り手に取り繕いの言葉を並べて「気分を害されたなら申し訳ない」と非礼をわび、そしてなぜか怒りがこみ上げてきた。二時間余りのインタビューが和気藹々とおこなわれたように思い込んでいたので、その状況を即座にのみ込めず混乱していたのである。のちにこのときの私のインタビュー・トランスクリプトを子細に見直すことをとおして、語り手の語りたいことと調査者の聞きたいことの齟齬が原因であると解釈した。すなわち、その言葉は属性の違いによる社会的不平等による「構造的非対称性」から発せられたものではなく、インタビューの応答というコミュニケーションの「相互行為的非対称性」に由来するものであるととらえることができた（桜井 2002: 101–3）。

しかし、フィールドワーカーにとって緊急の課題は、「警察の尋問みたい」という言葉に込められた意味の解釈にあるわけではない。その「捨て台詞」とも思われる言葉によって表現された実際の語り手とのコミュニケーション・トラブルにこそある。この語り手の住む地区には、太鼓づくりの職人のインタビュー調査やむら祭りの取材もあってよく訪れた。一旦入ったフィールドでは三年間程度の調査を心がけているが、近くに来る機会があればそれ以降もなんども立ち寄るのが、私のフィールドワークの考え方だ。二、三年後、私はその地区に立ち寄った際に、その捨て台詞の主である女性の自宅を訪ねた。「お久しぶりです」と挨拶をすると、彼女は快く客間にとおしてくれた。お茶をいただきながら談笑したあとで、当時のことを覚えているかと尋ねるとよく覚えていると言う。「もう一度、生活史を聞かせていただけないか」と冗談で言うと、即座に「もうご免」という返答だった。互いに笑い合いながらのやりとりだったが、その言葉を受けて彼女の家を辞したのである。たしかに彼女には不快なインタビューだったようだが、その不快の理由を私なりに解釈してみたものの、しかし、それはあくまでも私の解釈であり彼女のそれではない。ただ、被差別部落の調査そのものに不信感を抱かせたわけではなかった。

構造的非対称性は、必ずしも人と人とのコミュニケーションを疎外するものではない。中野も言うように、異質性こそが異なるものの協力と信頼の根本であり（中野 1975: 30）、ゆたかなコミュニケーションの源泉となりうる。むしろコミュニケーションの「相互行為的非対称性」こそが、人びとの苛立ちや不快感をいっそう募らせる場合があることを、私はこのときの経験から確信したのであった。

2　語りのポリフォニー

2-1　コミュニティの語りからパーソナルな語りへ

「警察の尋問みたい」の言葉を吐いた語り手は、自分が活躍してきた解放運動の公的な経験を語ろうとしたのに対し、私たちは彼女の仕事や家族などの私的なライフヒストリーをクロノロジカルに聞こうとしたところにコミュニケーションの大きな齟齬が生まれた。これが彼女の不快感や苛立ちについての私の解釈である。語り手は「公的ストーリー」を語ろうとしたのに対し、私たちは「私的ストーリー」を聞くために「割り込み」や無理なプロットの転換をはかろうとしたインタビュー手法に問題があった。だが、それだけではいささか素朴に過ぎる解釈である。彼女の語りは、この地区の状況を語るにも、地区の「財産って、なんにもありませんよ」「結局、土建仕事ですのでね、ほんなもん、みんなですよ。この地区の人は」という語りに集約されるように、被差別部落の解放運動に女性として関わってきた経験と矜持からなされたものである。解放運動からなるコミュニティの一員としては、なによりもいかに差別によって地区が貧困と不安定就労に置かれてきたか、地区が同和対策事業の指定に適うものであることを語らなければならなかったのである。解放のコミュニティにおける語りは、差別的語りに対抗する語り方でなければならなかったし、語り手は聞き手もそのコミュニティの一員であるからには、それを聞かれると予期していたにちがいない。実際、被差別部落での聞き取りは、これまでも歴史的資料の収集か被差別の実態調査が主であった。ところが私たちは、語り手個人の暮らしや生活を表すパーソナルな語り方を求めていた。

私がライフヒストリー／ライフストーリーの方法でフィールドワークに入ったとき、そこには人びとが日常的に生きる生活世界への関心があった。なによりも「生活とは何か」は、社会学を学び始めたときからの問いであり、有賀喜左衛門や中野卓の研究方法論、そしてA・シュッツの理論をとおして、また最初のフィールドワークの場となった鳥越皓之をリーダーとする「生活環境主義」グループのなかでも学び、一貫して保持してきた問いであり関心であった。被差別部落の調査研究は、終局的には、差別からの解放に通じるものでなければならないという声は、被差別部落のライフヒストリー／ライフストーリー調査に入ってから周りの研究者からよく聞かれたし、私自身もその可能性を模索してきた。しかし、それが当時の解放運動や反差別のコミュニティと同一化することや同種の語りを生み出すことであるとは思えなかった。たしかにコミュニティや運動体は人びとの生活を基盤に成立しているものだが、コミュニティや運動体などの集団がもつ語り方は、一人ひとりが生きてきた経験を基礎とした語りとは異なるというのが、私の認識であった。実際、それは被差別部落でのさまざまな人びとの出会いと語りをとおして確認できた。『屠場文化』(2001)を編者として著したとき、そこに差別の実態が直接描かれていないと批判的に評する研究者も周りにはいた。しかし、私にとって大事だったのは、たとえば食肉卸業者の男性が語る、次のような一言が的を射ていると思われたことであった。

彼は肉屋に働く若者がいないことを嘆いて、「あえて部落を象徴するような肉屋さんで、仕事習う、店舗も持とうとか、なぁ、そういう意欲がないわね。……われわれの部落解放とか、こういう問題で、そういう特定の肉屋に就職するよりか、できるだけ一般企業のとこへ就職しようという、そういう奨励しているわな」と語る。解放運動の意義を評価しながら、運動の語り方が部落に受け継がれてきた食肉業ではなく、公務員や大企業などの他の職種を奨励していることが後継者難を引き起こしていると批判しているのである。こうした語り方は、彼の「生活」経験に基づくものであり、被差別部落で受け継がれてきた過去から現在、未来へとつながる食肉業における「生活戦略」の一環としての語り方である。被差別部落における「生活」経験の語り方のほうが、解放運動の語り方よりも被差別部落の生活世界の核心を突いている。私にはそう思われたのである。こうして解放運動にみられる「差別‐被差別」の定型的なモデル・ストーリーよりも、人びとの経験をもとにしたパーソナルな語りこそが被差別部落の現実を理解する基盤になったのである。

2-2　語りがたさの背景にあるもの

こうした語りの様式への着目が、一層重要だと思われたのは、コミュニティ内の人びとがだれでも了解でき、またほとんどが参照している用語法であるモデル・ストーリーが、かならずしも人びとに語りを促す機能を果たしているわけではないことに気づいたときであった。もともと私は、被差別部落の集会や調査インタビューにおける被差別体験の語り方が相似であるところから、人びとが解放運動のコミュニティにおいて語る特有の用語法（イディオム）があるのではないか、それが人びとの語りを促すこと、また人びとが自分の固有の経験を語ろうとするときに同じコミュニティ内のメンバーであればただちに相互に了解可能な用語法を用いているのではないか、という点から語りの様式を分類、整理した。しかし、モデル・ストーリーが人びとの語りを促すだけでなく語りを阻害する、あるいは沈黙させる機能があることにも気づかされることにもなったのである。

被差別部落出身の夫の故郷へ帰ってきた妻にその転入以前の東京での暮らしから現在までのライフストーリーを聞いたとき、モデルストーリーがもつ逆機能に気づいたのであった。地区のなかでも信頼されている運動関係の知人による紹介であったのでインタビューにあたってはお互い特別な緊張感もなかったように思われた。挨拶が済んで聞き取りの主旨を伝えてインタビューが始まった。ところが、語り手はなかなか自分からすすんで自分の経験を語ろうとしない。私たちの質問をオウム返しで聞き直したり、地名などの具体的な固有名詞をいわないであいまいとした語り方をし続けた。私は質問の意味をわかりやすく説明したり、言い方を変えてみたりと四苦八苦しながら語り手の語りを促したのであった。結局、一問一答のやりとりになったが、後半、ある応答を契機に比較的スムースに話が進行した。子どもにこの地区が被差別部落であることを伝えているかどうかを私が質問したときである。語り手の応答は、「そういうこと、家庭でふれなきゃいけないのか、ふれていないのはどうなんだか」わからないというものだった。その言葉に「いや、ふれなきゃいけないとか、ぼくらも思ってませんけれども」と即座に私は応答した。短い沈黙のあとで、彼女は「ふれてないんですよ、わが家は」と応えたのであった。私たちの問いは、これまで解放運動のコミュニティで流通している語り方を根拠にしていた。そこでは、被差別当事者として差別に負けない子どもを育成するために、子どもがある年代になった被差別部落のことを伝え当事者としての自覚をもたせる語り方が奨励されてきた。学級でカミングアウトの形態をとるいわゆる「部落民宣言」は、その先鋭な現れであった。彼女も子どもへの啓発が奨励されていることを、これまでの地区の集会や啓発活動などのさまざまな機会を通じて学んだにちがいなかった。それがこのコミュニティでは「正当な」語り方であるとの認識もあったのであろう。しかし、彼女はそうしてはいなかった。聞き手である私たちも、そのコミュニティの一員と思われていたから、そのコミュニティの語りといくらか距離をおく彼女が注意深く言葉を選んであいまいな応答をくり返したのも無理はなかった。ところが、私の発したこの一言は、彼女の警戒心を解く働きをしたようだった。その後は、いくぶん安心したような気楽な会話になり、地区で開かれている小学生の学習会に対してはむしろ批判的とも思われる言辞が出てきたのであった。こうして、私はコミュニティの用語法、なかでも誰もが正当な語り方と見なすモデル・ストーリーが、自己経験の語りを阻害する場合があることを確認したのであった。

2-3 聞き手を選ぶ語り

一人の語り手が、時空間が異なる複数回のインタビューを受けると、同じ出来事が細部においては異なっていたり、まったく別の解釈のもとで提示されることが起こりうる。このような一人の語りが複数のヴァージョンをもつことを早いうちに指摘したのは、小林多寿子（1992）であった。小林は、調査者－被調査者の関係が親密になればなるほど語りが細部にわたって深くなること、語りの解釈においても状況に応じて提示される複数の自己を考慮する必要があることを指摘した。この「複数のヴァージョンの語り」は、語り手が語る複数の自己が複数回のインタビューをとおして顕わになるというものだが、このときの調査者－調査協力者との関係は、インタビューの回数が増えるごとに親密さが増すという前提をもとにしていた。そこでは、かならずしも語り手とインタビュアーとの相互行為やインタビュアーの違いによって語りがどのように違うかが考慮されたわけではなかった。そして、それ以後のライフストーリー研究においても、インタビュアーの違いによって語り手の語りが変わるという指摘は方法論では言及されているものの、経験的に検討した研究はきわめて少ない(2)。では、インタビュアーの違いがどのように語りに影響するのかを、私のインタビュー経験からみておこう。

戦争経験の継承について九〇歳を越える高齢男性にインタビューしたときのことである。日中戦争時代の一九四〇年から四一年にかけて兵士として中国へ派遣され、彼は中国での新四軍や八路軍などとの戦闘をはじめとする兵士経験を細かく語ってくれた。戦後の生活や訪中体験なども含めライフヒストリー全体が語られたあとで、彼が戦争経験をどのように伝えているかを尋ねた。しかし、十分な返答はなかった。若い世代にしゃべったりしていませんか、と問うと「あんまり（していない）」。子どもたちに戦争を伝えるときにはどのように、と問うと「ふふ、むずかしいですね」、と問いは空回りをするだけだった。自分の経験を、現在、どのように評価し、なにを次世代に伝えようとしているかという問いかけは、結局、一時間半におよぶこのときのインタビューにおいて、私の苛立ちをつのらせ、ほとんど彼の語りの意味を解釈できないままに終わった。

そして、一カ月も経たないうちに、私のゼミの学生がほぼ同じ主旨でインタビューをお願いしたところ、再び快く引き受けていただいた。学生が一通りの戦争経験の語りを聞いた後で、「戦争でどういう経験をされたとか、そういうのはたくさん聞かせていただいたんですけど、それに対してどう思ったかみたいなところが（中略）聞けなかったので」と、語り手の思いを問うた。「まぁ国の至上命令だからね。嫌だと言ったらたいへんですよ」と応えて、彼は仕方がなかったというニュアンスで応えた。ところが、そのすぐあとに語り手は学生に一冊の本を推薦している。その本は大東亜戦争肯定論の立場で「新自由主義史観」と類似の見方を示したものである。「ちょっと過激なあれもありますけど」といくらか懸念もあるようだが、「わたしら、やっぱりそうだな」と語って賛意を示している。学生にはそれ以前の語りの中で「国防」の重要性をくり返し語り、その意味での軍事行動の必要性を説いている。こうして、ゼミ学生に対しては語り手が込めたメッセージが語られた。

なぜ学生には語られたのに、私には語られなかったのか。その手がかりは、彼がその推薦本を学生に示したとき漏らした言葉にある。「まぁ、先生、どういうふうにおっしゃるかわかりませんけどね」と、私が抱くかもしれない懸念の言葉を口に出しているのである。推測するに、語り手が私に対してあえて評価的な言葉を発しなかったのは、彼の戦争観や国防観について私が批判的かもしれないという危惧の念があったからかもしれなかった。インタビュアーの苛立ちや違和感を喚起する沈黙や語りがたさを内包する物語も、語りのヴァージョンのひとつなのである。

3　訝る物語

3-1　規範に抵触する語り

苛立ちや違和感とは微妙に異なるが、「なぜこんな話を?」と訝るような語りに遭遇することがある。訝るといっても、問いに対応しない語りとかまったく見当違いの応答とかではない。語り手自身や自分の属するコミュニティ成員のイメージを貶めたり批判したりする語りである。そうした語りは、どちらかといえば語り手の情熱が伝わってきて、おもわず聞く側も耳をそばだてるようなところがある。

ところで、ライフストーリー・インタビューは、テーマに関連した項目だけではなく語り手のライフの全体に関わるインタビューになるのが一般的だ。しかし、人はこれまでの自分のライフ全体を語り尽くすことはできない。まして、インタビューという限られた時間ではなおさらである。いきおい語り手は聞き手やその背後にいる読者も想定しながら、過去の経験を自分なりに取捨選択して語ろうとする一種の操作をおこなう。語り手が自ら統制権を行使しながら語っていることは、発話の場における相互行為によって容易に判断できる。語り手が問われもしない特定のエピソードを自らとりあげたり、インタビュアーに促されて発話する一問一答形式のインタビューとは異なり語り手が自分から進んで滔々と語ったり、語り始めると語りの一回のサイズが大きい、などがその指標になる。

永年、被差別部落でライフストーリーを聞いてきた経験をふりかえると、こうした語り手の統制権行使とともに情熱的に語られた語りの中に、この訝る語りを耳にすることが少なくなかった。こうした語りでは、戦後すぐの食糧難時代のヤミ米運び、行商における商いの仕方、稚鮎の計量方法、密漁の際の仲間の見分け方などのエピソードをすぐに思い浮かべることができる。ヤミ米運びのエピソードでは、戦後の食糧難時代、まだ米が統制下におかれていた頃、精力的に農村から都市にヤミ米を運んだのが被差別部落の住民だった。実際、語り手には、当時国鉄職員に採用されて勤めていたのに定職をなげうって稼ぎが大きいからとヤミ米運びになった人がいたり、滋賀県から京都へ米を運ぶ際に京都で警察の取り締まりを逃れるために、米袋を京都駅直前で列車から投げ捨てて仲間に取りに来てもらうやり方をとった人もいた。そのときの米袋が爆弾のように破裂した光景から、ヤミ米は「バクダン」と呼ばれたと、いかにも愉快そうに語る。また、ある女性の語り手は、統制品を身体に巻き付け警察の検問をくぐり抜けて行商をしたと、必死な形相を浮かべて当時の経験を語った。焚き物にする松葉、枯れ枝、割木などの柴拾いは、若い頃の女性たちの毎日の日課になっていて、よそのむらの人の持山へ入って盗んでくる「盗み柴」であった。琵琶湖周辺で稚鮎を買い上げてもらう計量検査では、稚鮎を水槽から計量器に移すときに量を増やすために巧みに稚鮎とともに水を入れて文字どおり「水増し」する技を磨いた人がいたことが、その場にいたという語り手により笑みを浮かべて語られた。また、漁業権のない河川に密漁にでかけたむらでは、主だった男たちにはあだ名が付けられ、互いにあだ名で呼び合う習慣があった。よそのむらの人に気づかれないように「密漁」のための呼び名だった。こうした語りが、いろいろな人から数多く語られたのである。

語りの中の人びとの行為は、いずれも当時の法や規範に違反ないし抵触するものである。それゆえ通常は声高に語られることはない。それに、聞く人によっては、そうした行為をネガティブに受けとめ、それが差別される原因になったのではないかと思い込んでも不思議ではない。もっとも、私たちは語り手の表情や口ぶりから熱意や痛快さが感じられて、想定をこえた物語がどのように展開するかと興味津々で耳をそばだててサポーティブなうなずきをくり返したのであった。語り手は私たちの興味深げな表情からますます語りに熱を込めたのかもしれなかった。それにしても、なぜ人びとは差別意識を助長しかねないと思われるこの種の話を語りたがるのだろうか。法規範に抵触するかもしれない語りや、ときには違反している逸脱的な語りによって、たんに自分の勇敢さや危機の巧みな乗り切り方を誇りたかったのだろうか。私たちがそうした語りから痛快さを感じ取っていたのだから、そうした傾向がないとはいえない。すでに私たちは、多くの人から被差別体験であったり、解放運動へと目覚めていく経験であったり、いかに努力をして自らの困難を切り拓きながら反差別の闘いに尽力してきたかを聞いてきていた。そして、こうした語りは、被差別部落の調査である限り、語り手はそれを話さなければならず、私たちはそれを聞かなければならないと考えている話に該当するものである。それに対して、上記に述べたような私たちが訝るいささか不審にも思える語りは、はたしてこの種の語りの一群に属しているのだろうか。

3–2　生活の文脈

そんな疑念を抱いて、あらためてそれまで聞いてきたライフストーリーをふりかえってみると、調査の初期に出会ったある被差別部落の長老の語りが、その理由を見事に指し示しているように思われた。「ドジョウ捕り」と「松茸山の客商売」の語りについては別の個所で紹介した(3)。ここでは「ドジョウ捕り」の物語をかいつまんで紹介する。夏前に田んぼにたくさんいるドジョウを捕るために被差別部落の人が漁具を田んぼに仕掛けた。ところが稲が成長する時期でもあるので、被差別部落ではない水田の所有者である農家の人は稲が育たないからその漁具を田んぼから引き上げて持って行ってしまう。漁具を仕掛けた被差別部落の人は、自分は商売でしているのに漁具を盗んで商売の邪魔をしたと文句をつけに行く。語り手はそれを「強請（ゆすり）」と表現した。そうするとその田の持ち主は、「酒一升出して、銭の五銭ほど出して謝」まることになる。こうした語りは、そうした漁具の仕掛ける場所や「強請」などにみられる逸脱行為が差別される理由となっていることを提示した巧みな物語になっている。

この語りは、周囲のむらの差別意識がなかなかなくならない理由についての語りであり、「実態と差別の悪循環」という同和対策事業を推進する要の論理に類似していた。すなわち、貧困や住環境の劣悪さが「きたない」といった偏見や差別意識を助長し、そうした偏見や差別意識が貧困や劣悪な環境から抜け出すこと阻んでいるという論理である。長老の語りも、たしかにドジョウ捕りや松茸商売が脅しやだましの逸脱行為になっていることから、それが差別の理由にされてしまい、その差別がさらに生活の困難をうみ再び逸脱的な行為に走ってしまうというものだ。この物語の展開する時空間は、語り手の生きてきた生活圏に見事に符合していて実際におきた出来事を語っているようにみえた。その語りは、私たちには「差別‐被差別の文脈」に適う典型的な物語に聞こえた。ところが、他の高齢者に尋ねても「ドジョウ捕り」や「松茸商売」については耳にすることができたものの物語のプロットは異なっており、類似の逸脱的な話を聞くことはなかった。そうすると、長老の語りは語り手の経験そのものを直に表しているわけではなく一種のメタファーと解することもできる。当初、私たちは「差別‐被差別の文脈」にそって語りを聞いていたため、被差別体験や反差別の運動につらなる語りは、きわめて自然な語りとして受けとめていたのである。長老の語りも、この文脈で理解していたのであった。

ライフストーリー・インタビューを進めるうちに不審な経験的語りを数多く聞くにつれ、私たちがそれらを「差別‐被差別の文脈」で解釈するがゆえに、被差別当事者が逸脱的語りを自ら好んで語ろうとしないはずという範疇で理解し、勝手に訝ってしまっているのではないか、と思うようになった。そうでなければ、語り手があれほど愉快そうに熱意をこめて語るはずがないではないか。そう考えると、長老の語りに込められた別の文脈が見えてくる。彼は、自分のむらについて「公務員ちゅうようなん、ひとりもおりませんわ。ほて、会社員もおらん。土方と人力車引きと、それだけや」と語っていた。そこから被差別部落では職業が制限されている状況があることがわかる。その状況を乗り越えようとする人びとの生活行為や生活の知恵が、ややもすると支配的文化の規範や規律と抵触することによって逸脱的行為とされ、トラブルの原因となってしまう。すなわち、支配的文化から見れば「逸脱的」と見なされる行為の多くは、人びとが生きるための知恵であり生活の一環にほかならないことを表す一種のメタファーにほかならないと考えることができる。被差別部落の生活を基盤とするローカルな生活文化を、私が「境界文化」と呼んだのは、こうした理解をもとにしていたからであった。長老の語りの真意も逸脱行為と差別の悪循環というよりは構造的差別による生活の困難にこそあったのではないか、と思われる。人びとが熱心に愉快そうに語るのは文字どおりの逸脱やトラブルそのものではなく、困難ななかでの生活の営みや暮らしに根づいた生活の知恵を発揮した自己実現やアイデンティティを表す経験そのものだったからである。こうして、人びとの語りを「生活の文脈」で理解することができるようになった。

なお、こうした「生活の文脈」の語りは、個人の経験的語りと言ってもだれもが「私」の経験であるとともに「われわれ」の経験として語っていたことには注意する必要がある。「生活」についての人びとの経験的語りには、「みんなですよ」「このむらはね」といった言葉からもわかるようにコミュニティの語りの様式が含まれていた。「差別－被差別の文脈」はいうまでもなく、「生活の文脈」についても、いずれもコミュニティについてのコミュニティにおける語り方であり、単なる個人独自の経験の語りとは異なる。そうした語り方が大きく変わったと感じたのが、若者の語り方に接したときであった。

3-3　戸惑いから個人的経験へ

被差別部落のライフストーリー調査をはじめて二〇年近く経た後、ある若者のライフストーリーの語りにこれまでにない新たな困惑と戸惑いを覚えた。被差別部落で生まれ、県外の大学で一人暮らしを経験して故郷にもどってきた二〇代の若者の話を聞いたときである。自分が生まれ育った地域が被差別部落と彼が知ったのは高校生になったときであった。これまで部落出身だからといって、彼には差別を受けた経験はない。ライフヒストリーを一通り聞き終わったところで、彼はふいに差別を受けた経験がないことを「残念」とつぶやき、差別を「受けときたかった」とさえ語ったのである。私は、これまで耳にしたことがない発話に驚き、困惑した。さらに聞いてみると、年配の人たちは被差別体験を語りさえすれば、それで地域の人びとには被差別当事者として十分に納得され共感がもたれた。しかし、自分にはそんな経験がない、自らを被差別当事者と証明するためのたしかな事実がない、という。したがって、自分には被差別当事者として振る舞う資格がないのではないか、と懸念する。

これまで部落差別は主に三つの指標がその理由とされた。血統、地域、職業である。しかし、これらは今日ではきわめてあいまいな指標である。彼の父母は血統的には被差別部落の出身者であり、彼の言葉では自分は「純粋」な部落の人間なのだが、それだけでは自分を被差別者であると証すには十分ではない。現在は、被差別部落といわれる地域に住んでいるが、それ以外の地域に住んだ経験もあり、今後も住む地域が変わるかもしれない。そして、かつて皮革や食肉などに象徴される「部落産業」といわれた職業に就いているわけでもない。彼の言葉は、これまで被差別部落の人びとに賦与されてきたこうした属性を表す指標はゆらいでおり、もはや被差別のアイデンティティを形成する十分な内実をもっていない、ということである。被差別部落の成員がこうした指標で表象され、一体のものと見なされているときには、コミュニティ内の他者の被差別経験も自分に向けられたものと考えることもできたが、「部落」を表象する境界が曖昧になっている現状では、そう単純には考えられないというわけだ。なによりも自己のアイデンティティ形成には、まず自分自身の経験こそが不可欠なのである。

これまでのライフストーリー調査では、個人的な経験は「差別‐被差別の文脈」や「生活の文脈」にそって語られてきた。しかし、そうしたコミュニティに流通していた語りの様式は、現代の若者世代にとってもはや自分の経験を語るインデックスでもなく、ましてイディオムにもならない。とするなら、私たちは再び、一人ひとりの個人の経験的語りから、これまでの部落差別といわれてきたものの現代的な諸相を丹念に掘り起こし記述していくほかかない。自分が部落当事者かどうかは「微妙」と応える若者、被差別者当事者になるために「差別されることを経験したい」と語る若者、こうした若者の語りはこれまでのコミュニティの語り方とはあきらかに異なるパーソナルな語りである。こうしたパーソナルな語りからこそ現在の被差別部落の現実を解読することが求められる。そのためにも個人の経験的語りを聞くライフストーリーの方法があらためて必要とされるのではないだろうか。

4　まとめ——モノローグからポリフォニーへ

私が自分のライフストーリー・インタビュー経験をとおして確認してきたのは、語り手とインタビュアーの間に生じる齟齬であり、調査者に苛立や違和感、不審な思いを抱かせる語りだった。それはほとんど調査者やインタビュアーの想定を越えた語りであり語り方であった。「共同制作」とはいえ、それがかならずしも語り手とインタビュアーがともに予定調和的な物語を産出するものではない。むしろ、そうした齟齬に注目したり苛立ちや違和感を反省的に問い直す試みこそが、インタビュー過程の状況や調査協力者の生活世界を理解する契機になっている。苛立ちや違和感は、とりもなおさず語り手である調査協力者の語りがインタビュアーである調査者とは別の声として多声的に顕れてくることを物語る。そして相互行為的に語られた生活世界の物語が、構造を反映する語りや調査協力者のコミュニティのモデルストーリーやイディオム、そしてパーソナルストーリーなどの複数の語り方の差違が、語り手の語りとインタビュアーの期待する語りとの齟齬をもたらしてもいたのである。

私たちがテーマにしたがって聞き、それをもとにまとめる作業はほとんどが私たちのモノローグにほかならない。私が初期のフィールドワークで経験した水問題のライフヒストリー調査は、結果的に、調査過程もまとめの論文も私のモノローグそのものであった。小林部落では、調査協力者を調査者がもちこんだカテゴリーの固定性によって苛立たせ、彼らに違和感と不審を抱かせた結果、調査者である私たちが反省をせまられることになった。語りのカテゴリーは、彼／彼女の語りによって私たちの想定するカテゴリーをはみ出し、乗り越え、ときに否定するものである。それは調査者を苛つかせ、調査者に動揺や当惑を生じさせる。しかし、それはインタビュアーと語り手の相互行為や語りの様式の齟齬が産出するポリフォニーそのものである。ライフストーリー論文の多くが、調査する側の自己反省や当初のテーマの変更からスタートするのは、調査協力者へ賦与し期待する当初の語りのカテゴリーがインタビューの相互行為をとおして不協和音を醸しだし、苛立たせ当惑させるからである。だが、そこから出発することによって新たなテーマが浮かび上がったり、新たな解釈ツールの産出も可能になるのである。

人びとの語りがなぜ想定されるカテゴリーをはみだすのか。それは調査者が描き出す物語がモノローグ的な文脈に過ぎず、「ライフ」のもつポリフォニー的文脈は決してモノローグ的文脈には還元できないからである。こうした「ライフ」の文脈のゆたかさこそ、ライフストーリー研究の魅力の源泉にほかならないのである。

かつて共同でおこなった被差別部落のライフストーリー調査を本にまとめる最終段階で、どうしても一人の研究者の論文が届かないことがあった。数日後に出版社に原稿を渡す約束をしていたので仕方なく電話をしたところ最後の結論がまとまらないという。私は「無理にまとめる必要はない。そのまま語りを投げ出して、読者に解釈や結論をゆだねたら」とアドバイスした。いくらか怒りもあって焦りから出てきた投げやりな言葉にちがいなかったが、このアドバイスはあながち間違ってはいなかったと、今あらためて思う。これまで見てきたように、人びとの語りはむしろインタビュアーが想定していたカテゴリーや文脈をはみだすのが常と考えた方がよさそうである。「共同制作」といっても、予定調和的なわけではなく、まして調査は語り手の声を調査者の声によって代弁することにあるわけでもなく、むしろ語りの多声性を活かすことにこそあるのではないか、と思う。そして、それは作品化にも通じるものである。ライフストーリー作品は、調査者である執筆者の解釈をはみだし、のりこえ、読者の新たな解釈にさえ開かれる、そうしたポリフォニー的作品化こそが求められているのではないだろうか。

【注】

（1）「共同制作」であることは、たとえば桜井・小林（2005: 378）を参照。

（2）管見では次の研究論文がある。Randall, et.all（2006）。

（3）「ドジョウ捕り」「松茸商売」の語りの詳細については、桜井（2002）の「Ⅳ ライフストーリーの解釈」および桜井（2005）の「Ⅰ 被差別の境界文化」を参照。

【参考文献】

橋本裕之（2008）「獅子頭の角――フィールドワークにおけるオーラリティの効用と限界」『日本オーラル・ヒストリー研究』4: 19–33.

岸衛・桜井厚（2012）『差別の境界をゆく』せりか書房

小林多寿子（1992）「〈親密さ〉と〈深さ〉――コミュニケーション論からみたライフヒストリー」『社会学評論』168: 419–434.

中野卓（1975）「社会学的調査における被調査者との所謂「共同行為」について――環境問題と歴史社会学的調査（その二）」『未来』102: 28–33.

Randall, William L, Prior, Suzanne M. and Skarborn, Marianne,（2006）“How listeners shape what tellers tell: Pattern of interaction in lifestory interviews and their impact on reminiscence by elderly interviewee,” *Journal of Aging Studies* 20, 381–96, Elsevier Inc.

桜井厚（1984）「川と水道――水と社会の変動」鳥越皓之・嘉田由紀子編『水と人の環境史』御茶の水書房

――――（1998）『生活戦略としての語り』（社）反差別国際連帯解放研究所しが

――――（2002）『インタビューの社会学』せりか書房

――――（2005）『境界文化のライフストーリー』せりか書房

――――・岸衛編（2001）『屠場文化――語られない世界』創土社

――――・小林多寿子編（2005）『ライフストーリー・インタビュー』せりか書房

第2章

なぜ「語り方」を記述するのか

——読者層とライフストーリー研究を発表する意義に注目して

西倉実季

1　「語り方」の前景化と「語られたこと」の後退？

桜井厚の『インタビューの社会学』(2002) において「語り方 hows」として提示されているものは、かなり多義的である。ざっと列挙しただけでも、語り手が用いた語彙や表現、聞き手の働きかけやその意図、語り手と聞き手とのやり取りを通してライフストーリーが産出される過程、聞き手の「構え（志向性）」(桜井 2002: 171) からくるインタビュー過程の統制、そして語り手と聞き手とのやり取りを枠づける「インタビューの場を越えたより広い社会的コンテクスト」(桜井 2002: 191) などがある。桜井がとくに強調しているのは語り手と聞き手との社会関係であるため、本稿では、両者が相手の質問や応答の意味を互いに解釈しながらインタビューを進行させ、語りを産出するその過程を「語り方」と捉えることにする。

桜井によれば、対話的構築主義という方法論は「自らのライフヒストリー研究の実践的な経験を構築主義の観点に依拠しつつ反省的にとらえ返したもの」(桜井 2004: 374) である。では、桜井の調査経験において、構築主義の観点から「語り方」に照準を合わせることがなぜ必要とされたのか。おそらく分かちがたく関係しているのは、彼の主要なフィールドが被差別部落であったということである。桜井によれば、マイノリティや社会のなかで周縁化されてきた問題を研究対象とするとき、インタビューの場を無視することはできない（桜井 2003）。なぜならこの場合、マイノリティである語り手とマジョリティの側に属する聞き手という「構造的非対称性」のみならず、インタビューにおける「相互行為的非対称性」が問題となるためである（桜井 2010: 247）。「被差別部落の人びと」とカテゴリー化された集団を調査するとき、調査者の側には「被差別部落の住民はだれもが差別される主体として被差別体験をもっていなければならない」（桜井 2002: 169）という構えがある。(1) そのため、語り手はたしかに固有の経験を語っているにもかかわらず、調査者にはそれが聞き取れていないという事態が生じてしまう。しかし、インタビューの過程をリフレクシヴに捉え返し、調査者である自分の構えを相対化することで、語り手の語りを理解する新たな視点を獲得する可能性が拓かれる。つまり、桜井の調査研究において「語り方」を分析対象に据えることが重要な意味をもつのは、それが調査対象者との「対話」(2) を模索するための糸口だからなのである。(3)

このように、対話的構築主義は桜井自身の長年にわたる調査経験から帰納的に導かれたものである。ところが、それを参照する側は、もとの方法論に含まれる議論の複雑さを捨象して、概念や技法のみを安易に適用してしまう。被差別部落調査という個別の文脈から導かれたはずの方法論が、あたかもそれに従ってさえいれば誰でも正しい解釈に到達できる手引き書であるかのように読まれているのだ。蘭由岐子によれば、対話的構築主義の体裁を整えたライフストーリー研究の論文から「語り手の〝声〟や〝リアリティ〟がもうひとつ聞こえてこない、見えてこない」理由は、こうした「マニュアル化された用い方」にある（蘭 2009: 39–40）。

ここで指摘されているのは、ライフストーリー研究のじつに皮肉な現状である。桜井がみずからの調査経験をもって示しているように、「語り方 hows」に注意を払うのは「語られたこと whats」をより適切に理解するためにほかならない。にもかかわらず、「語り方」が前面に出ることで語り手の「声」や「リアリティ」が後景に退いてしまったとするならば、期待していたのとはまったく違う結果である。

「語り方」に注意を払うのは、「語られたこと」をよりよく理解するためである。この考え方に異存はない。たしかに、調査者である自分がインタビューの場に持ち込む構えを相対化することで、語り手の語りを捉える新たな視点が獲得できるからである。しかしこれだけでは、なぜ「語り方」を分析するのみならず、分析したことを記述するのか、その理由を説明したことにはならない。分析したことを記述するという段階においては、「「語られたこと」を理解する」という行為の主語は、調査者から作品を読む者へと移行している。とするならば、「語り方」に注意を払うことはどのような意味で読者が「語られたこと」をよりよく理解することにつながるのか、このことが問われなければならないはずである。ところが、私自身を含めたライフストーリー研究者がこうした問いに十分に意識的であったかというと心許ない。蘭が指摘するような結果を招いてしまった原因は、ここにもあると考えられる。そこで本稿でめざしたいのは、私自身の調査経験を実例としながら、この問いに対するひとつの解答を提示することである。これは、広義の差別研究において、対話的構築主義アプローチによるライフストーリー研究がいかに有効なのかを検討する作業でもある。

2 聞き手の問いの保存――ライフヒストリー研究における記述との違い

対話的構築主義アプローチによるライフストーリー研究は、従来のライフヒストリー研究を基盤にしつつ、それを拡張する試みとして位置づけられる。このアプローチは、調査対象者の「主体性」のみを重視するライフヒストリー研究の立場を相対化し、語り手と聞き手のやり取りを分析対象に据える。なぜなら、調査対象者が個別の生を生きる主体であるのと同じように、調査者の側もまた、特定の問題関心や価値判断を携えて調査研究という営みに従事する主体だからである。語り手が何を語ったのかという「語られたこと」を理解するには、語り手と聞き手とのいかなる社会関係のなかでそれが産出されたのか、「語り方」に注意を払うことが不可欠であるとする見方は、こうした認識論的拡張の結果もたらされたものでもある。

このような展開は、ライフストーリー研究の記述の方法にも反映されている。ライフストーリー研究は、語り手の主体性を重視して語り手が用いた語彙や表現を生かそうとするに留まらず、語り手と聞き手双方の主体性を重視する立場から、インタビューの場で語りが産出される過程を記述のなかに入れ込んでいく。ここでは、それとの対比を通してライフストーリー研究の記述の特徴を把握することをねらいに、ライフヒストリー研究の記述の仕方について確認していこう。

桜井は、従来のライフヒストリー研究が語り手の「語り方」には無頓着であったと批判しているが（桜井 2002）、語り手自身がどのように語ったのかというもっとも狭い意味で「語り方」を捉えるならば、この指摘は正確ではない。なぜなら、一部のライフヒストリー研究者はその記述にかなりのこだわりを示しているからである。中野卓の『口述の生活史――或る女の愛と呪いの日本近代』（1977）や『離島トカラに生きた男』（1981－1982）を例にあげると、語り手の言い回しや語尾を含めて詳細に記述されており、聞き手を前にして語り手がどのように語ったのかが手に取るようにわかる。

井腰圭介によると、記述の仕方に対する中野のこうしたこだわりには、語り手が聞き手に対して用いる「レトリック」をそのままの状態にしておくというねらいがある（井腰 1995）。ここでのレトリックとは、単なる修飾技法や美辞麗句をさしているのではない。それは、「話者が自分の経験を伝えるために、自分が置かれた状況を聞き手に理解できるような形で示すことで」「聞き手自身の経験に照して理解させようとする語り方」を意味する（井腰 1995: 114）。インタビューにおいて、語り手はどのようにトピックを選定して語りを展開させたら聞き手の納得が得られるか、つまり相手の「同感」をともなう形で自分の経験を伝えられるかという関心をもっている。中野が、語られたことを要約するのではなく「語られたまま」に記述するのは、語り手が聞き手に対して駆使するこうしたレトリックが失われないようにするためである。[4]

ライフヒストリー研究はこのように、口述記録を作成する際、語り手の語りを「語られたまま」に記述する仕方をとる一方で、聞き手の質問や応答を省略する場合が多い。[5] 井腰によれば、聞き手の「問いを消す」ことには、それが特定の状況でなされた語りであるという限定を外す意味がある。記述から聞き手の問いを消すことにより、読者は特定の聞き手ではなくて不特定多数に向かってなされた語りとしてそれを読むことができるようになる。つまり、「自ら発した問いを消す編集者としての書き手は、特定の聞き手に向けられた話者の語りの向きを、読者一般へと回転させる舞台廻しの役割を担う「黒子」なのである」（井腰 1995: 116）。

以上のことを、書き手による作品提示という観点からまとめよう。書き手は一方で、語り手によって「語られたこと」と同時にそれがどのように語られたのかという「語り方」を読者が読むことを意図して、語り手のレトリックを保存する。他方で、読者と語り手とが作品を媒介にして関係を取り結ぶことを意図して、みずからの質問や応答を消去するという編集作業をおこなう。いずれも、読者が語り手と出会い、その経験した世界を理解するための提示方法である。

ライフストーリー研究もまた、こうした問題意識の一部を共有している。語り手がほかでもないそのレトリックを用いてある経験を語ったということを重視しているからこそ、「語られたこと」を理解するにはそれをいかに語ったのかという「語り方」に注意を払わなければならないという認識にいたるのである。しかしその一方で、ライフストーリー研究をおこなう者にとっては、インタビュー場面を記述しながら、語り手の語りのみならず聞き手の質問や応答も省略せずに提示することは標準になりつつある。こうした記述の仕方をとるライフストーリー研究者は、読者との関係において、記述の背後に身を隠す「黒子」とは別の役割を担っていることになる。ではいったいどのような役割を担っているのか、その考察は次節でおこなうことにして、ここでは井腰の議論を批判的に検討していきたい。

井腰は、語り手のレトリックと聞き手の問いを別次元のものとして捉えている。前者を口述記録に残して後者はそこから取り払うというように、別々の操作ができる対象として位置づけていることからも、これは明らかである。しかし、語り手が聞き手に対して用いるレトリックは、聞き手の質問や応答と切り離して考えられるのだろうか。語り手の語りには、聞き手が発した質問に込められた観点が語り手の解釈に沿った形で反映されているとすれば、語り手のレトリックは聞き手の質問と関連させて初めて理解可能なものとなるはずである。このことについて、私の調査経験をもとに具体的にみていこう。

障害学（disablity studies）という学問領域において、病気やケガが原因で外見に特徴がある人びとは「障害（disability）」をもっていると定義されることがある。その背景にあるのは、「障害」を心身の医学的特徴と同一視するのではなく、心身の医学的特徴と社会的障壁――たとえば、法制度の不備や人びととの偏見など――との相互作用によって生じる社会生活上の不利として捉える「障害の社会モデル」の考え方である。病気やケガが原因で外見に特徴がある人びとは、そうした特徴に対して偏見を抱かれ、たとえば仕事が見つからないといった不利を被る場合がある。この意味で、彼／彼女たちは「障害」をもっているのである。しかし、彼／彼女たち当事者のなかには、自分が「障害」をもっているとされることに抵抗感を抱く人も少なくない（西倉 2011）。その理由としてしばしばあげられるのは、自分には「できないことは何もない」というものである。アルビノのＡさんも、この理由をあげた一人である。(6)

Ａ：見た目の症状が、できるはずのことができないっていうほどのものだとは／／＊：うんうん／／僕は全然考えてないってことですよね。（中略）見た目が人と違うだけで何ができないのっていう話は（ほかの当事者と）よくします。（全頭型円形脱毛症の）○○とかは、髪の毛がないことでできないのは、髪の毛でトラックを引っ張る曲芸ぐらいで、みたいなことを言ってて。

＊：うん。見た目が違うことで、なんだろう（……）たとえば学校でいじめに遭うとか、就職の面接で／／Ａ：そう／／余計な質問されるとか＝

Ａ：＝そう、そうなんですよ。ていうのがあるのは認めるけど、見た目問題当事者が一〇〇パーセントそうなるわけじゃないと思うんですね。（中略）みんながみんないじめられてきたわけじゃない。それが言い切れるかどうかの問題。手がない人が物を持てますか、持てません、みたいな話で。見た目に症状がある人は人と仲良くできますか、できません、みたいに言い切れない。それはもう、個体差あるじゃん、みたいな話で。だから、見た目に症状がある人が「障害」っていう括りになってしまうことに対して、

全然納得できない。　【A1】

Aさんのあげた例を借りると、たとえば「手がない人」や「足がない人」は、自分の手で物を持ち上げるとか自分の足でマラソンを走るとか、絶対に「できないこと」がある。しかもそれは、「手のない人」や「足がない人」全員に共通している。これに対して「見た目に症状がある人」は、見た目が人と違うだけであって「できないことは何もない」。聞き手が言うように、学校でいじめられたり採用試験でぶしつけな対応をされたりすることはありうるが、「見た目に症状がある人」すべてが必ずこうした出来事に遭遇するわけではない。そこにはかなりの「個体差」がある、というのである。

このやり取りが始まったそもそものきっかけは、私が「社会的な障害」という表現を用いたことである。Aさんの考える「障害」とは、機能制約のせいで日常生活のごく基本的な事柄が「できない状態にある」ことだという。インタビューを開始して以降、自分はそうした状態にはないのだから、「障害」をもっているとされるのは「納得がいかない」とAさんは繰り返していた。そこで私は、障害の社会モデルにおける「障害」の用法を彼にある程度共有してもらわないと、従来の「障害」という言葉に対する反発をいたずらに引き出すことにしかならないと判断し、それを試みることにした。「社会的な障害」は、障害の社会モデルにおける「障害」をできる限り平易に説明しようとしたものである。

＊：「障害」っていうのはなんか、手が動かないとか足が動かないってこと自体ではなくて／／A：はい／／社会的に、なんかちょっと、困難な状況にあるのを「社会的な障害」って捉えましょうっていう考

え方をした場合に、見た目が人と違うだけなのに、じろじろ見られるとか、そういうことで結果的に困難な状況に陥ることってないですか?

A：いや、たぶんあるんですけど、「障害」と括るっていうのは違うんですよね。「社会的な障害」って言ってるけど、じゃあ単純に、社会が変わっちゃえば、その「社会的な障害」っていうのはクリアしちゃうんで／／＊：そうそうそう／／カテゴリーとして「障害者」にするのは違うんじゃないのって思う。

＊：たとえば身体障害とかに対しても、じろじろ見るとか偏見とか、見た目問題と同じ反応ってありますよね。もし社会が変わって、そういうのがなくなったとしたら＝

A：＝障害は障害じゃないですか。

＊：ああ、障害は残ると?

A：はい。それをまったくクリアすることはできない。（周囲がじろじろ）見なければ、身体障害がまったく普通なのかって言ったら、それは違うじゃないですか。

【A2】

ここでの私の意図は、他者の否定的な反応によって「社会的な障害」を被っているという意味では「見た目に症状がある人」も身体障害者も同じと言えるのではないか、という自分の考えを提示したうえで、Aさんの意見を聞かせてもらうことにあった。これに対してAさんは、けっして同じではないと主張している。なぜなら、「見た目に症状がある人」の困難な状況は社会が変化すればすべて解消しうる――その意味でまさに「社会的」である――が、身体障害者の困難な状況――機能制約のせいで日常生活のごく基本的な事柄が「できない状態にある」という状況――はどんなに社会が変化しようとも残り続けるからである。

【A1】は【A2】に後続するやり取りである。【A2】をふまえて解釈すると、【A1】におけるAさんは聞き手にこう伝えようとしていたと言える。困難があることは否定しないが、それは社会が変化すれば一掃されるものであるし、そもそも「見た目に症状がある人」全員が直面しているわけではない。身体障害者の「できない状態にある」という困難が、社会の変化や個人の多様性とは無関係であるのとは決定的に違っている。「障害」という言葉は、こうした困難にこそ充てられるべきであり、たとえ「社会的」などという枕詞をつけたとしても、自分たちの困難を「障害」と捉えられるのはまったく納得がいかない。なぜなら、見た目が人と違うことで本質的に「できないことは何もない」のだから、と。【A1】において、Aさんはほかの当事者の言葉を紹介している。ここに込められているのは、こうした特殊な芸当ができないからといってその人は社会生活上の不利を被るのか、そうでないとするならば自分たちを「障害者」のカテゴリーで括るのは妥当ではない、というメッセージであろう。

以上の検討からわかるように、Aさんの「できないことは何もない」という語りを誘発したのは、障害の社会モデルにおける「障害」の用法を共有してもらおうとした私の質問である。発した質問から推察するに、おそらく聞き手は「見た目に症状がある人」は「障害」をもっていると捉えているのだろう。たしかに、見た目が人と違うことで視線を浴びる機会はあるが、他者の否定的な反応を同じように感じていたとしても、それに対して個人がとりうる対応は多様である。否定的な反応に向き合う自信がないから仕事に応募することはやめておこうと考える人もいれば、そうした反応をはねつけて仕事を得る人もいるだろう。見た目が人と違うからといって、本質的に「できないことは何もない」のである。そう考えると、「見た目に症状がある人」は「障害」をもっているなどとは言えないとあなたは思いませんか、というわけである。つまりこの語りは、Ａさんが自分の置かれた状況を聞き手の同感を喚起して理解させようとする際のレトリックにほかならない。そして、Ａさんが個人の多様性というトピックを選定して語りを展開させたことを抜きにしては、彼の問題経験――「見た目に症状がある人」は困難を抱えているという固定化した認識のみが可視的になるにつれて、逆に一人ひとりの言葉や行為は不可視化されてしまうような経験――を理解することはできない。

先述のとおり、語り手は自分の経験を聞き手に説得的に伝えるために、トピックを選定して語りを展開させている。このとき、聞き手による質問や応答は、語り手にとってどのようなトピックを選んでどのような展開の仕方をすればよいかを判断する重要な手がかりであるに違いない。なぜなら、聞き手の質問や応答には、語り手の語りを聞き手がどのように理解しようとしているか、そうした観点が刻印されているからである。つまり、聞き手が発する質問や応答は、語り手が聞き手に対して駆使するレトリックと不可分な関係にあるのだ。にもかかわらず、それを記述から取り払うとすれば、語り手が聞き手をどのように想定したうえで自分の経験をどのように理解させたいのかという、レトリックが繰り出される文脈が読者にはまったくわからなくなってしまう。語り手が聞き手に対して用いるレトリックをそのままの状態に保存しておくためにこそ、聞き手の質問や応答も省略せず、インタビューの場でのやり取りを記述することが必要なのである。

３　社会の縮図としての社会調査――ライフストーリー研究者の役割

このように、ライフストーリー研究者は、読者との関係において「黒子」の役割を担っているわけではない。では、ライフストーリー研究者の役割とは何か。この問題に答えるために検討したいのが、マイノリティのライフストーリーをもとにした作品はいったい誰に向かって書かれており、そもそも何のために送り出されているのか、ということである。これは、広義の差別研究におけるライフストーリー研究が想定する読者層と、そうしたライフストーリー研究を発表する者の意図に関わる問いである。ふたたび、私の調査経験をもとに検討していこう。

私がかつて研究課題として設定したのは、外見の美醜をめぐる女性の問題経験をジェンダーの視点で考察することであった。従来のジェンダー研究の多くは、女性が規範的な美に駆り立てられていく社会的メカニズムに焦点を当てたものであり、そのなかでは女性たちの行為が過度に社会決定論的に説明されていた。そこで私は、こうした「個人の経験や実践の個別性を無視した身体についての理論」(Davis 2003: 9)を批判対象に定めると同時に、個々の女性たちが規範的な美をどう捉え、それとどう対峙しているのかを知りたいと考えたのである。そして、顔にあざのある女性たちを、外見の美醜をめぐる女性の問題経験が「凝縮」されている存在と想定して、彼女たちへのインタビューを開始した(西倉 2009)。しかし、調査が進行するにつれて、顔にあざがある女性たちの経験を美醜の問題という枠組みで解釈するのははたして妥当なのかと考え込んでしまうことの連続であった。

顔や首にあざのあるBさんへのインタビューは、自分の解釈枠組みが抜本的に変化したという意味で、私の調査研究におけるターニングポイントとなった(7)。そのきっかけを与えてくれたのが、「顔を赤のマジックで塗って、外を歩いてみてください」というBさんの言葉であった。以下に示すのは、Bさんのこうした発言に至るまでのやり取りである。この直前、Bさんはあざのある顔に「侮蔑の目」が向けられる理由を二つあげている。ひとつは「(あざは)見た目に美しくないっていう感覚」があるためであり、いまひとつは「スティグマっていう概念」のためである。これに対して私は、前者についてのみ、その意味を明確にするための質問を向けている。

＊：なんか、顔立ちが美しくないとか、ていうので、美しい、美しくないっていう概念てよく出されるというか、使われると思うんですけど／／B：うんうん／／そういうのとは、なんか、違うんでしょうか？

B：個々のパーツでも悩む人いるじゃないですか。

＊：うん。

B：かなり大きいと思うんですよ、ああいう悩みって。うん。だって女性だったら、ねぇ。でも、たとえばどんなに、あの、あの、その、パーツで悩んでても、なんていうんだろう、すれ違った人にじろじろ見られたり、子どもが、すれ違った子どもがまたうしろから追いかけてきてのぞき込まれることはないじゃないですか。

＊：ああ、そうですね。

B：一応、普通だから。うん、普通のなかの、その、まぁ、その、範囲だから。だから、そのへんが違うんですよね。だから、なんでしょうかねー、うーん、そこが違うかなー。ほんとにはっきり言って、子どもが追っかけてくるかどうかの問題（笑）。うん。

＊：好奇の視線にさらされる？

B：うん。やっぱり、うーん、美しい、美しくない問題じゃないですか、そこ（＝パーツの悩み）は。私たちのハンディは、普通か普通じゃないかっていう、そのレベルなんですよね。

＊：あざがあることが普通じゃないっていう？
Ｂ：うーんと、そうですね、やっぱり。普通じゃないから、やっぱり、子どもがめずらしくて追っかけてくるみたいな。どんなに、なんか、あの、見た目が、なんか、その、ねぇ、まぁ、あの、言い方悪いですけど、うーん、なんだろう、よくないとしても、そういうことはないですよね。
＊：うんうん、ああ。
Ｂ：だけど、うーん、なんだろう、そういうのと同じになっちゃってるんですよね。その、社会では。そういう人たちと。
＊：ああ、パーツの問題と？
Ｂ：うん。

「顔立ちの美しさ」を引き合いに出しながら質問をした私に対して、Ｂさんは、とくに女性にとっての「パーツの悩み」の深刻さを認めながらも、それと顔にあざがあるという「ハンディ」とは違うと断言している。その根拠とされているのが、他者の視線である。「パーツの悩み」をもつ人は、「ハンディ」を抱える人に向けられるような度を越した視線にさらされることはない。さらにＢさんは、「パーツの悩み」を美醜のレベルの問題、「ハンディ」を普通かどうかのレベルの問題としたうえで、「同じになっちゃってる」というように、両者が社会的には混同されていることを指摘している。このやり取りの最後に、Ｂさんは「研究するなら、実際に赤あざをつけて外を歩いてみて」という言葉を私に投げかけたのである。

このインタビューでのＢさんは、顔にあざがあることが社会的には「ハンディ」とは認識されていないことへの不満を語っていた。ここでのやり取りをふまえると、Ｂさんが「ハンディ」をめぐる一連の語りを通して訴えようとしていたことがより明確になる。顔にあざがあることが「ハンディ」と認識されないのは、当事者の認識に反して、美醜の問題と誤認されているせいである。顔にあざのある悪役を登場させ、あざを悪の象徴として用いるマスメディアの描写は、こうした誤認のあらわれである。もし顔にあざがあることが「ハンディ」と認識されていたら、その持ち主への社会的配慮が要請され、安易な表現は慎まれるはずだからだ。つまり、顔にあざがあることは単なるパーツの問題として誤認されているのであり、それは顔にあざがある人びとの問題経験の否認につながっている。顔にあざがあることが「ハンディ」と認識されれば理解されるはずの苦しみは、美醜の問題として誤認されることで軽視され、ときに存在しないものとされてしまうからである。私が「顔立ちの美しさ」を持ち出して質問したことで、Bさんには、この聞き手もまたこうした誤認をしているように映ったのだろう。そのため彼女は、「ハンディ」と「パーツの悩み」とが社会的にいかに混同されているかを訴えながら、顔にあざがあることは前者であって後者ではけっしてないと、聞き手の経験に照らして理解させようとしたのである。そうした語り方の最たるものが「赤あざをつけて外を歩いてみて」という応答であり、まさしく「そうやって考えてもらうと、(聞き手にも)たぶんわかると思うんですけど」というわけである。その結果、聞き手である私は「もし私が彼女だったとしたら、たしかにそう考えるだろう」という反実仮想的な同感を覚えるにいたっている。

私は以前、Bさんへのインタビュー場面を記述することを中心に、自分の解釈枠組みが転換していく過程を検討したことがある(西倉 2009)。こうした過程を読者に明らかにしたのは、「認識の「覆い」」(水津 1996: 346)ゆえにインタビューの場で「二重の排除」(西倉 2009: 321)がなされていたことによる。ここでの認識の「覆い」とは、顔にあざのある女性たちの個人的現実を受けとめることを妨げるような、彼女たちに対する固定化した構えのことである。そして二重の排除とは、語り手が、自己の問題が周囲の人びとに誤認／否認されるという問題経験を語っている場で、聞き手である私がその問題経験の語りを誤認／否認していたことをさす。具体的には、顔にあざがあることが「ハンディ」と認識されない苦しみについての語りを、私もまた美醜の問題として聞いていたという事態である。つまり、語り手たちの日常生活における出来事がインタビューの場でも同様に繰り返されていたのであり、この意味で、社会調査は社会の縮図であった(8)。

現実社会で生起している現象とインタビューでの出来事が入れ子構造にあるならば、インタビュー場面での語り手と聞き手との関係は、現実社会での語り手と読者との関係でもある。私が語り手と取り結んだ社会関係――問題の誤認、誤認にもとづく相手のリアリティ定義の排除、クレイム申し立ての無効化など――は同時に、読者と語り手（を含む顔にあざのある女性たち）がすでに交わしている、もしくはこれから交わしうる社会関係なのである。よって、インタビュー場面の記述において私が意図したのは、それを読む人に、語り手と私との関係のなかに語り手と自分自身との関係を想起してもらうことであった。顔にあざがあることを「ハンディ」と主張するBさんと美醜の問題と捉えている私のやり取りを読むことで、では読者は顔にあざがあることをどう認識しているか、聞き手と同じような誤認をしてはいないか、認識の「覆い」をはぎ取る必要はないか、今度は読者自身が捉え返してほしかったのである。

水野節夫による整理を参照すると、ライフヒストリー研究が想定する読者層は大きく二つに分けられる（水野 1986）。ひとつは、H・ベッカーが『ジャック・ローラー』の序文で指摘したような、語り手とは異なる社会集団に所属する人びとである。ベッカーによれば、この作品が意図しているのは、普段通りに生活していたらスタンレーのような非行少年と接する機会のない人びとが彼の生活世界を理解することで、異なる社会集団間の相互作用が促進されることである（Becker 1966=1998）。もうひとつは、中野卓が想定しているような、社会集団的な制約をもたない読者である。中野は、『離島トカラに生きた男・第一部』の「はじめに」において、語り手のライフヒストリーから読者が自分自身に必要な何かを学び取ってほしいと呼びかけている（中野 1981）。中野が期待したのは、それぞれの読者が「一人の人間として話者との直接的な出会いを体験すること」（水野 1986: 187）であった。

私のインタビュー調査は、マイノリティである語り手とマジョリティの側に属する私という構図のもとで実施されたものである。もちろん、社会的文脈との関連でマイノリティやマジョリティになったりならなかったりするのであって、これらは関係的な概念に過ぎないが、ひとまずこのように整理しておく。作品化にあたって私が想定した読み手は、自分と同じマジョリティの側に属する人びと、つまりベッカーが念頭に置いていたタイプの読者である。顔にあざのある女性たちの問題経験をひと言で表現するならば、問題を経験している人びとの苦しみや存在さえもが社会的には認識されておらず、認識されていないことがまさに問題であるような経験であった。マジョリティの側にこうした認識の「覆い」がある状況では、中野が読者に期待したような、語り手の経験に自分自身のそれをじかに重ね合わせたり、進んでそこから何かを学び取ったりすることはそれほど容易ではない[9]。このとき、広義の差別研究におけるライフストーリー研究を発表する意図は、マジョリティの側を遮っている認識の「覆い」をはぎ取り、それを読む者のなかに語り手自身や、彼／彼女が属する社会集団への理解を生み出そうとすることにあると言える。

私が顔にあざのある女性たちの問題経験を理解するには、問題の誤認を経由して、それまでとは別様の視点を手に入れるという過程をたどらなければならなかった。したがって、私が得た研究知見を読者に共有してもらうためには、彼女たちの語りを理解可能にした視点もあわせて共有してもらう必要がある。それを可能にするのは、新たな視点が獲得されるに至った語り手と聞き手との社会関係を、読者が聞き手の側に身を置きながら遡及的に経験することである。なぜなら、こうした視点は、語り手である彼女たちと聞き手である私とのすれ違いやせめぎ合いを通して、私のなかに徐々に像を結んでいったものだからである。

「語り方」に注意を払うことは、どのような意味で読者が「語られたこと」をよりよく理解することにつながるのか。冒頭で掲げたこの問いに答えるならば、語り手と聞き手との社会関係を読者自身が経験することによって、語り手の語りを理解するのに不可欠な視点が得られるという意味においてである。このとき、対話的構築主義の観点で「語り方 hows」を記述するライフストーリー研究者が担っているのは、研究知見（whats）への理解を生み出すために、読者のこうした遡及経験を促すという役割である。これは、小林多寿子がいち早く指摘していたような、読者の読み方をあらかじめ織り込んで調査研究の成果を書く「ライフヒストリー呈示の戦略」（小林 2000: 110）の一環でもある。[10]

4　聴取の位置の問題化——ライフストーリー研究を発表する意義

病い、障害、老い、ジェンダー、セクシュアリティ、エスニシティなど、広義の差別問題については、以前から問題の当事者による手記やセルフ・ノンフィクションが数多く出版されてきた。書店に足を運べば、そうしたジャンルの本がひとつのコーナーを形成しているほどである。語り手の「声」や「リアリティ」に触れたいのであれば、わざわざライフストーリー研究の作品を読むより、むしろ当事者による手記やセルフ・ノンフィクションにあたる方がよほど目的に適っているように思われる。なぜなら、ライフストーリーをもとにした作品は、語り手と聞き手とのやり取りを媒介させて語り手の声を描写しているのに対して、当事者による作品においては、書き手自身が直接その声を発しているからである。ましてや対話的構築主義アプローチによるライフストーリー研究の場合、「語られたこと」のみならず「語り方」にも注意を払うことが求められるため、語り手の声そのものに割ける紙幅は必然的に限られてくる。とするならば、差別問題の当事者が作品を盛んに世に送り出す時代に、ライフストーリー研究を発表する意義はどこにあるのだろうか。

かつて作家の赤坂真理は、乙武洋匡『五体不満足』(1998)、武田麻弓『ファイト!』(1999)、大平光代『だから、あなたも生きぬいて』(2000)などが大ベストセラーになったのを受けて、「「障害」と「壮絶人生」ばかりがなぜ読まれるのか」と問いかけた(赤坂 2001)。赤坂によれば、問題は作品の側ではなく、むしろそれらを好んで受け取る側にある。「普通」の人びとが、より正確には輪郭のはっきりしない不鮮明な生きにくさを抱えた「普通」の人びとが、障害や壮絶人生という半端ない「特殊」に感動を求め、手軽にカタルシスを得ようとする。それは、「普通」や「多数」といった「自分の持つ便利さ」(赤坂 2001: 109)はけっして手放すことなく、感動を読んで「普通」という倦怠に耐えるためのドラマがほしいという欲望である。

赤坂の文章が載った同じ『中央公論』に、身体障害者でお笑い芸人でもあるホーキング青山のエッセイも掲載されている。彼によると、障害や壮絶人生が読まれているのは、閉塞したこの時代に多くの人びとが「〝優越感〟と〝甘え〟という、二つの矛盾した感情により、なんとか〝普通〟を維持しようと懸命になってる姿の象徴」(ホーキング青山 2001: 129)であるという。つまり、自分よりも不幸(そう)な人たちの境遇に触れて「優越感」に浸りながら、今の自分に少しでも近いところがあるとその現実と重ね合わせて「救い」を求めているのである。

こうした読まれ方にみられるのは、「自らの聴取の位置、発話の位置をまったく問題化しない態度」（齋藤 2008: 94）である。「普通」としての聴取の位置はけっして疑いを挟まれることなく、語り手の声は「特殊」の側からの、つまりは「普通」や「多数」といったみずからの優位性を確認させてくれる声としてのみ聞き取られる。このとき、語り手の声はたしかに聞かれているはずなのに、一人ひとりの言葉や経験としては注意を向けられることなく、他の声と容易に代替可能な「刺激的な物語」もしくは「エンタテインメント」として消費されることになる。病い、障害、老い、ジェンダー、セクシュアリティ、エスニシティといった差異の声は、その政治性を無化され、支配的な表象にしたがってのみ解釈される。

しかし、齋藤純一によれば、他者の声を聞くことは本来、自己の安定した位置や優位性を確証させるどころか、むしろ聞き手をヴァルネラブルにする行為である。

というのも、聴くという行為は、他者の声や言葉を、他者にとっての世界の受けとめ方を自らのうちへ引き入れる行為であり、他者と自己の間にある差異や抗争のみならず、自己と自己との間の抗争をも露わにする行為だからである。聴くことがリアルな出来事として成立するならば、それは何ほどかは聴取の位置を動揺させ、思考を誘発するはずである（齋藤 2008: 96）。

他者の声を聞くことを読者にとって「リアルな出来事」として成立させること。齋藤の議論を土台にして考えると、差別問題の当事者による作品が相次いで出版される今日、ライフストーリー研究を発表する意義があるとするならば、それはこの点に求められるのではないだろうか。対話的構築主義がこれまで明らかにしてきたのは、他者の声を聞くことはまさに聞き手にとってヴァルネラブルな行為であるということであった。ライフストーリーを聞くことのうちには、語り手と聞き手の視点のずれが必然的に含まれる。語り手から思いがけない言葉を投げかけられたり、調査そのものに対する痛烈な批判を浴びせられたりすることで、そうしたずれが顕在化し、聞き手はみずからの構えを自覚する。それは第一に、一人ひとりの経験から発せられているはずの声に、自分があらかじめ想定していた典型的な声を覆い被せ、それを聞いていたに過ぎなかったという気づきである。そして第二に、語り手の言葉を自分の解釈枠組みに回収し、それに照らしてどれが耳を傾けるに値する言葉なのかを判断してしまっていたという気づきである。私の調査経験で言えば、「困難（障害）を抱えているアルビノ当事者として、どう思いますか？」といった問いかけをしていたAさんへのインタビューは前者に、顔にあざがあることが「ハンディ」と認識されない苦しみについての語りを美醜の問題として聞いていたBさんへのインタビューは後者にそれぞれあてはまる。しかし、「語り方」に注意を払う対話的構築主義アプローチは、このような気づきを得て愕然とするだけでは終わらない。語り手と聞き手の視点のずれに徹底的にこだわって、インタビューの過程をリフレクシヴに検討することで、語り手の語りをより的確に理解するための新たな視点を手に入れるのである。聞き手（＝書き手）にとってこうした研究過程は、インタビューの後に改めて語り手との対話を試みることであり、みずからの聴取の位置を再考することでもある。インタビューという出来事の只中にいるとき、聞き手は語り手の語りがもつ多様な可能性や文脈を捉えきることはできない。インタビューの過程を振り返ることで、事後的に、じつはこういう出来事だったのだと次第に理解が及んでいく。ライフストーリーをめぐる「対話」には、このような性質があるのだ。

そして、対話的構築主義アプローチによるライフストーリー研究をおこなう者の役割は、読者がマジョリティである聞き手の側に身を置きながら、新たな視点が獲得された語り手と聞き手との社会関係を遡及的に経験するのを促すことにあった。視点のずれの顕在化に始まり、互いの応答を重ねて、聞き手が対話の糸口をようやく見出していくまでの過程を、読者にもたどってもらうのである。それは読者にとって、「普通」や「多数」といった聴取の位置を問題にしながら、語り手の「世界の受けとめ方」をみずからのうちに引き入れていく行為を意味する。聞き手の経験を媒介させ、同じような経験を読者に促すことができることこそが、当事者による作品にはない対話的構築主義アプローチによるライフストーリー研究の大きな強みである。

小倉康嗣は、『高齢化社会と日本人の生き方――岐路に立つ現代中年のライフストーリー』（2006）において、インタビュー場面でのやり取りに読者を引き込んでいく作品化を試みている。小倉が採用したのは、「対話実践のなかでライフストーリーが生成されていくプロセス、相互了解が得られていくプロセス」、さらには再調査を通じて「互いの解釈をすり合わせていくプロセス」を「分厚く記述」することで、インタビュー場面での語り手と聞き手との相互行為に読者の注意を喚起するという手法である（小倉 2006: iv）。こうした手法の意図は、「読者の実感のおよぶ範囲を押し広げ、読者の経験の参与可能性（経験の重ね合わせの可能性）を切りひらいていく」（小倉 2011: 146）ことにある。つまり、インタビューのなかでライフストーリーが生成する過程を読者が「追体験」できるようにし、そのことによって語り手、聞き手、読者という三者間でのコミュニケーションを可能にするというのである。しかし、すでに確認したように、自己の安定した位置や優位性を前提とする経験の重ね合わせは、読者による語り手の声の消費につながりかねない。小倉が指摘しているように、読者の経験を組み替えていくような「いわばパフォーマンス的な調査表現」（小倉 2013: 180）はたしかに重要である。ただしそれは、読者にみずからの聴取の位置を問題にさせ、語り手の声を聞くことを「リアルな出来事」として成立させるような調査表現でなければならない。広義の差別研究におけるライフストーリー研究に求められるのは、そうした表現を鍛え上げていくことである。

ここまで述べてきたことは、私の調査実践を整理しようとした試みであり、マイノリティである語り手とマジョリティの側に属する聞き手という関係が前提となった議論である。まさに両者の相互行為的非対称性が問題としてあらわれたインタビューを振り返り、そこでのやり取りに自分と同じマジョリティ側に属する読者を引き込んでいくにあたって、対話的構築主義という方法論は有効だったのである。しかし、たとえば語り手と聞き手が同じ社会集団に所属しているような場合、一例をあげれば「当事者研究」と呼ばれる調査実践を考えたときには、あてはまらない論点も少なくないだろう。[11] 改めて強調しておくが、対話的構築主義はどんなフィールドにも汎用可能なマニュアルではけっしてない。また、書き手の明確なねらいがあってこそ効力を持つ方法論である。とするならば、それぞれのライフストーリー研究者が自分の想定する読者層や作品を発表する意図を意識的に問いかけながら、「語り方」を記述する意義を検討していくことも今後の課題となるだろう。

【注】

(1) これに関連して、三浦耕吉郎は、「部落」「部落民」といった関係的カテゴリーを用いて研究する結果、そうしたカテゴリーを実体化してしまうことを「カテゴリー化の罠」(三浦 2004: 227) として議論している。

(2) 石川良子によると、対話的構築主義の力点は「構築主義」ではなく、むしろ「対話的」の方に置かれている。ライフストーリーを物語世界とストーリー領域とに区別する桜井の試みには、構築主義的な観点を援用して調査者と調査対象者との「対話」、すなわちインタビューを通じて両者の認識が深まっていく「循環的過程」(石川 2012: 6) を記述しようとするねらいがあるのではないかという。

(3) 語り手との「対話」への志向性をもたない、調査者の構えやそこから生じる調査者の側のモデル・ストーリーを批判的に検討する立場には疑問を呈しておきたい。山田富秋は、「インタビューをインタビュアーと回答者とのアクティヴな相互行為として捉えたとき、最初に問題になるのは実は回答者の積極的な語り手としての存在ではなく、インタビュアーの調査行為の方である」（山田 2011: 93）と述べている。しかし、語り手の語りより前に聞き手の聞き方に焦点を当てるのであれば、それはもはやライフストーリー研究である必要はない。このように、山田の方法論は桜井のそれとはかなり違っているが、朴沙羅は両者をオーラルヒストリー研究の「ストーリー派」として同一視している（朴 2011）。朴の議論には桜井の方法論に対する誤解が多分に含まれているうえ、そもそも批判対象や筆者自身の調査経験に照らさずに方法論を論じており、その意義がどこにあるのか、はなはだ疑問である。なぜなら、「方法論は、すでに役立っている方法なしには成立しないし、方法の役立ちかたや失敗の現れは、実践のなかにしか存在しない」（佐藤 1995: 35）からである。

（4）アダム・スミスのレトリック概念は、話し手の感情を「同感」によって相手に伝達する表現として位置づけられている（Smith 1963=2004）。

（5）ただし中野は、語り手は特定の聞き手に向かって語っていることに自覚的である。実際に、『口述の生活史』の前書きには、「本文のなかの註記も、聴き手がどういう人間か、話者が誰に向って話しているのか、聴き手はどういう聴き方をしたのかを随所に示すでしょう」（中野 1977: 5）とある。しかし、桜井が指摘するように、中野は聞き手である自分自身を記述に登場させたものの、それを検討の対象としたわけではない（桜井 2012）。

（6）二〇代の男性（インタビュー当時）。アルビノとは、常染色体劣性の遺伝性疾患であり、全身のメラニン色素をつくることができないか、わずかしかつくることができない。インタビューは二〇一一年五月に実施した。

（7）一回目のインタビューは二〇〇四年四月に、二回目のインタビューは二〇〇五年一月、三回目のインタビューは二〇〇六年三月に実施した。

（8）倉石一郎は、とりわけ差別・マイノリティ研究の文脈では、「社会調査は、マイノリティの日常世界における憂鬱な「被調査」経験、つまりは〈差別の日常〉を、多かれ少なかれ反復・再演してしまう運命にある」（倉石 2007: 32）と指摘している。

（9）中野の期待においては、聞き手と読者の社会的・文化的非対称性が、語りが語られたり聞かれたりする仕方にいかに影響を及ぼすかが軽視されているように思われる。また、語り手や読者の社会集団的な制約を無化することは、語りがそこから語られ、聞かれる経験の地平を捨象することにもなるのではないだろうか。

（10）小林の論考はライフヒストリー研究に関するものであるが、ライフヒストリーの生成を語り手と聞き手との共同制作として捉えており、そこでの議論はライフストーリー研究にもそのままあてはまる。

(11) セクシュアルマイノリティとその家族へのインタビューを実施した三部倫子は、調査者が問題の当事者である場合、自己言及的な記述をすることの困難について指摘している（三部 2014）。

【参考文献】

赤坂真理（2001）「「障害」と「壮絶人生」ばかりがなぜ読まれるのか」『中央公論』6: 96–117.

蘭由岐子（2009）「いま、あらためて〝声〟と向きあう」『社会と調査』3: 38–44.

Becker, Howard S.（1966）"Introduction," in Clifford R. Shaw, *The Jack-Roller: A Delinquent Boy's Own Story*, University of Chicago Press. ＝玉井眞理子・池田寛訳（1998）『ジャック・ローラー——ある非行少年自身の物語』東洋館出版社、1–19.

Davis, Kathy（2003）*Dubious Equalities and Embodied Differences: Cultural Studies on Cosmetic Surgery*, Rowman & Littlefield Publishers.

ホーキング青山（2001）「「不幸な人」に甘える人びと」『中央公論』6: 124–9.

井腰圭介（1995）「記述のレトリック——感動を伴う知識はいかにして生まれるか」中野卓・桜井厚編『ライフヒストリーの社会学』弘文堂、109–36.

石川良子（2012）「ライフストーリー研究における調査者の経験の自己言及的記述の意義——インタビューの対話性に着目して」『年報社会学論集』25: 1–12.

小林多寿子（2000）「二人のオーサー——ライフヒストリーの実践と呈示の問題」好井裕明・桜井厚編『フィールドワークの経験』せりか書房、101–14.

倉石一郎（2007）『差別と日常の経験社会学——解読する〈私〉の研究誌』生活書院

三部倫子（2014）「フィールドワーカーが自己を無視できないとき——セクシュアルマイノリティの子を持つ親からの働きかけを題材に」二〇一三年度第二回関東社会学会研究例会レジュメ

三浦耕吉郎（2004）「カテゴリー化の罠——社会学的〈対話〉の場所へ」好井裕明・三浦耕吉郎編『社会学的フィールドワーク』世界思想社、201–45.

水野節夫（1986）「生活史研究とその多様な展開」宮島喬編『社会学の歴史的展開』サイエンス社、147–208.
中野卓編（1977）『口述の生活史――或る女の愛と呪いの日本近代』御茶の水書房
――――編（1981）『離島トカラに生きた男・第一部』御茶の水書房
――――編（1982）『離島トカラに生きた男・第二部』御茶の水書房
西倉実季（2009）『顔にあざのある女性たち――「問題経験の語り」の社会学』生活書院
――――（2011）「顔の「異形」は障害である――障害差別禁止法の制定に向けて」松井彰彦ほか編『障害を問い直す』東洋経済新報社、25–54.
小倉康嗣（2006）『高齢化社会と日本人の生き方――岐路に立つ現代中年のライフストーリー』慶應義塾大学出版会
――――（2011）「ライフストーリー研究はどんな知をもたらし、人間と社会にどんな働きかけをするのか――ライフストーリーの知の生成性と調査表現」『日本オーラル・ヒストリー研究』7: 137–55.
――――（2013）「生／ライフ」藤田結子・北村文編『現代エスノグラフィー――新しいフィールドワークの理論と実践』新曜社、172–81.
朴沙羅（2011）「物語から歴史へ――社会学的オーラル・ヒストリー研究の試み」『ソシオロジ』56（1）: 39–54.
桜井厚（2002）『インタビューの社会学――ライフストーリーの聞き方』せりか書房
――――（2003）「ライフヒストリー研究における〈インタビューの経験〉」『史資料ハブ――地域文化研究』2: 12–21.
――――（2004）「『インタビューの社会学』書評論文リプライ」『社会学評論』55（3）: 374–7.
――――（2010）「「事実」から「対話」へ――オーラル・ヒストリーの現在」『思想』1036: 235–54.
――――（2012）『ライフストーリー論』弘文堂
齋藤純一（2008）『政治と複数性――民主的な公共性にむけて』岩波書店
佐藤健二（1995）「ライフヒストリー研究の位相」中野卓・桜井厚編『ライフヒストリーの社会学』弘文堂、13–41.
Smith, Adam（1963）*Lectures on rhetoric and belles letters*, Delivered in the University of Glasgow by Adam Smith. Reported by a student in 1762–63. ＝水田洋・松原慶子訳（2004）『アダム・スミス 修辞学・文学講義』名古屋大学出版会
水津嘉克（1996）「社会的相互作用における排除」『社会学評論』47（3）: 335–49.
山田富秋（2011）『フィールドワークのアポリア――エスノメソドロジーとライフストーリー』せりか書房

第3章

インタビューという会話の構造を動的に分析する

青山陽子

1　問題の所在

ライフ・ストーリーとは何かといった問いに対して、個人のライフ（人生、生涯、生活、生き方）についての口述の物語であり、ライフ・ストーリー法とはこのような個人のライフに焦点をあわせて語られた語りから、自己の生活世界そして社会や文化の諸相や変動を全体的に読み解こうとする質的調査法のひとつであると桜井厚はいう。また桜井はストーリーとは発話内容を意味するだけでなく、語ると同時に聞くという言語コミュニケーションによって構成されていくものだと捉え、聞き手であるインタビュアーの問いや語り手に対する反応が、ストーリーの産出に大きな役割をもつと考えている。つまり「いかに語られるのか（How）」というその産出プロセスの共同性に関心を寄せつつ、「何が語られているのか（what）」ということを考察するという発展的な分析視点の提案である（桜井 2012: 6, 64–6）。

さて、このように定義されたライフ・ストーリー法であるが、データとなる語りからどのような分析が可能となるだろうか。その際に桜井はいくつかの分析概念を提案している。社会や文化の諸相や変動を読み解くといった点に着目するモデル・ストーリーおよびマスター・ナラティブ概念もそのひとつである[1]。桜井の定義によると、モデル・ストーリーとはコミュニティの伝統や生活を通して培われたある卓越した語りであり、所属成員のアイデンティティへ深く影響する語りとされている。一方マスター・ナラティブとは全体社会の支配的な文化で語られているストーリーであり、J・リオタールの「大きな物語」に依拠し、近年広く用いられている概念である。とりわけモデル・ストーリー概念は桜井によって提案された概念であるが、本稿の一つ目の課題はこのモデル・ストーリー概念を理論的に整理して発展させることにある。

さらに桜井はモデル・ストーリーおよびマスター・ナラティブ概念を、パーソナル・ストーリーとともに語りの様式として位置づけている[2]。語りの様式とは語りの内容を構成する出来事の選択・配列のパターンのことであり、それぞれの次元においてプロットを異にするのだという。そして経験を語るとは、すべてがパーソナル・ストーリーで構成されることではなく、ある出来事を筋道立てて説明する際にはモデル・ストーリーやマスター・ナラティブの様式で、語り手個人が行為の起点となっている経験を語る際にはパーソナル・ストーリーの様式で語られるのだと指摘する（桜井 2010: 488–9, 2012: 104–5)。とりわけ桜井によるパーソナル・ストーリーの分析においては、マスター・ナラティブやモデル・ストーリーの抑圧的な側面が強調され、パーソナル・ストーリーを語る語り手はパブリックな領域におけるモードに回収されまいとする自我の働きの所産として私的に捉えられる。しかしストーリーの産出を言語コミュニケーションとの関係で捉えようとする立場において、はたしてわれわれはパブリックなモードから外れて私的な語りを語りうるのだろうか。また様式の切り替えを研究者はどのようにして把握し、分析することができるのだろうか。本稿の二つ目の課題はインタビューという相互行為によって生成される語りを構成主義的な視点から分析するために、Ｅ・ゴフマンのフレーム分析の援用を試みる。

そもそもインタビューにおける対話とは、相互行為場面における見かけ上の統一的な合意、対話に持ち込まれる参加者たちの解釈フレーム、そして参加者たちによる対面的な他者への推論によって、〈いま・ここ〉という経験（＝「ここで起こっていることは何か」）が組織化されていくことである。ゴフマンは『フレーム分析』や『トークの形式』の著作のなかで、〈いま・ここ〉という状況的な場面に投錨されつつ会話がいかに動的に構成されるのかを分析しているが、筆者はこの分析方法をライフ・ストーリー法へ援用することを提案したい。ゴフマンはいうまでもなくわれわれの日常の振る舞いのなかに社会を見いだそうとした研究者であるが、従来相互行為場面における社会秩序に対する知見に関心が寄せられてきたため、ライフ・ストーリー法とは対極にいる論者と思われている節がある。しかし彼ほど〈いま・ここ〉における経験を重視し、人々の生きられた場から社会を捉えようとした研究者はいない。『フレーム分析』において捉えられている相互行為場面の社会秩序は、決してスタティックで所与のものとして論じられているのでなく、むしろ動的で常に脆弱性をはらんでいるものと位置づけられている。

またゴフマンは日常的な相互行為場面の分析をその主たる目的としつつも、彼の分析のまなざしは個人の人となり（personality）や社会構造（social structure）にもひらかれている。人々は経験の場である状況を通じて集団や組織体に接するのであり、その一方で状況という場において様々な役割をまとい人となりを表現するのである。これまで桜井が提唱する対話的構築主義においては、対話性を考慮にいれて語りを分析することが謳われてきたが、「語られ方」と「語られた内容」はそれぞれ独立して分析されることが多かった。ライフ・ストーリー法へのゴフマンのフレーム分析の援用により、「語られ方」と「語られた内容」をあるつながりのなかで分析することが可能となる。さらにこの試みによって質的調査のデータ収集過程が理論的に検討されると同時に、実証で得られたデータによる理論への修正というフィードバックが生み出されることになる。つまり理論と実践を再帰的に捉えることは、社会学のさらなる発展につながると考える。

以下、第2節において桜井の提示するモデル・ストーリーとは何を捉えたものなのかについて検討する。そして第3節ではフレームやトークに参与する人々の立ち位置などのゴフマンによる分析概念を説明したのち、筆者が調査研究して得たデータを用いてフレーム分析を試みる。

2　集合表象としてのモデル・ストーリー

桜井の提示するモデル・ストーリーは、全体社会でよく見かけられる一般的な語り口（マスター・ナラティブ）であるというよりは、ローカル文化に固有な用語や日常の特有な言い回しを含む語りの様式であり、ローカル・コミュニティの成員に説得的に自分の世界を語るときに用いられるという。また桜井はモデル・ストーリー概念を、自身の調査フィールドでもある解放運動のコミュニティ、女性運動やセクシュアリティ運動、公民権運動などのマイノリティ運動で語られている語り、さらは研究者コミュニティの語りなど、政治的なイデオロギー性が強い事例でしか説明していないが（桜井 2012: 95–109）、筆者においてはモデル・ストーリー概念はさらに広い範囲に応用可能であると考えている。つまりローカルな文化は運動やアカデミズムに限らず、気の合う友人との日々のつきあいや家庭などで営まれる生活行為に始まり、職場や学校などで営まれる共同的な活動においても生じるだろうし、地域社会における相互的な営みのなかにも見いだされるだろう。ゆえに筆者は様々な日常生活に含まれる他者との直接的な相互作用を通じて生成された語りは、すべてモデル・ストーリーの候補となりうると考える。したがって具体的には民話や家伝といったインフォーマル集団的な紐帯によって継承されてきた語りから、特定の目的、関心、利益を追求するために人為的、合理的に形成された集団によるある定型的な語りまでもが、モデル・ストーリー概念による分析の対象となりうるのである。

さて今日の私たちの生活は、集団をこえた次元の空間ともつながっている。広範な語りの中で、どのような語りがモデル・ストーリーの条件を満たすのか。いま一度桜井のモデル・ストーリー概念に対する定義にもどって考えてみよう。桜井は空間的位相の次元にしたがって、語りの様式を三つのモードに区分することを試みるが、この区分を歴史学者Ａ・ポルテリの論考を参照しつつ提示している。ポルテリの三つのモードとは制度的モード（政治行政、国民国家、国際社会）、集合的モード（コミュニティや近隣・職場）、パーソナル・モード（家庭）である。桜井の概念との対比関係を整理すると、マスター・ナラティブは制度的モードによる語りであり、モデル・ストーリーは集合的モードに対応し、パーソナル・ストーリーはパーソナル・モードの語りと位置づけられている（桜井 2010: 488–90）。ただしポルテリがこの区分によって示したかったことは、語り手が選択した空間的位相のモードによって語られた出来事の時間的位置づけが異なることである。とりわけ彼がパーソナル・モードの語りで具体的に議論していることは、家族といったインフォーマル集団に所属している人々が、ある出来事をいつ（何年）だと記憶していたのかという出来事の時間的定位についてである。つまりポルテリによる三つのモードの区分は、むしろ空間的位相を異にした諸集団が保持する時間意識（感覚）の差異を表すためのものだといえる。一方、桜井のパーソナル・ストーリーとは家族というインフォーマル集団の次元ではなく、プライベートという個人を単位とする私的な次元における個性的で独自なストーリーのことである。またマスター・ナラティブとはモデル・ストーリーより広域空間において一般化されている語りの様式であるという（桜井 2002: 261–2, 2012: 104–5）。

次に桜井がモデル・ストーリー概念をどのように分析に用いているのか示しておきたい。筆者はモデル・ストーリーとは語り手が生活実践を共にした集団の視点を通して、自らの経験を振り返る際に用いられる語りの様式であり、それゆえに人々の生活に根ざした文化を捉えようとする際に有効であると捉えている。また個人とは人生の軌跡のなかで様々な集団をくぐりぬけて今にある存在であり、諸集団が交叉する地点である。そのため個人の視点から人生や生き方を振り返る自己物語の語りを分析する際にも役に立つと考えている。ゆえに筆者においては、モデル・ストーリー概念は柔軟に分析に用いることのできる概念枠組だと位置づけているが、桜井が分析で用いる際にはかなり限定的に扱われている。

桜井は自著のなかでモデル・ストーリーに対して揶揄したり、冗談として表現するなどの距離をとったスタンスの語りを、回収されまいとする語り手の個別性＝主体性と位置づけ、この実践こそが新しいストーリー、新しい声の生成の契機であると好意的な評価を下す。つまりモデル・ストーリーはパーソナル・ストーリーに対して外在的で抑圧的に作用し、パーソナル・ストーリーに制約を与えるものと想定されている（桜井 2002: 288）。

ここで改めてモデル・ストーリーとは何かを理論的に検討することにしよう。桜井の定義によるモデル・ストーリーには、人々がある経験を整理するために必要なモデルとなる働きがあり、また個人に対して外在的に作用するという二つの特徴が認められる。外在的に存在し、個人の語りへ抑圧的に作用するといった捉え方から推測するに、モデル・ストーリーは集合表象に相当すると考えられる。個人が語りを通じて経験を組織化する際に用いられるモデルであるという点も、集合表象という概念を採用すれば容易に説明がつく。従来、集合表象に対するまなざしはその機能にそそがれ、神話や民話、あるいは宗教における様々な儀礼などを事例として、その象徴性や規範性が分析の対象とされてきた。つまり社会や集団の思考様式を表象したものとしての集合表象が外在的に存在し、人々の日常の生活を秩序化しているという規範的側面を捉えようとしてきた。しかし日常生活を生きる人々の視点に立てば、集合表象が規範や価値として拘束的に作用しているわけではないだろう。人々は利用可能な様々な解釈資源（集合表象）のなかから〈いま・ここ〉の状況的な環境に見合った解釈フレームを選択して経験を組織化していくのである。そこで本稿ではモデル・ストーリーを集団の解釈枠組にそって表出された語りの様式と捉え、ゴフマンのフレーム分析と関連づけて論じたい。

ゴフマンのフレーム分析には様々な特徴があげられるだろうが、筆者が注目するのは分析の射程が相互行為場面に限定されておらず、相互行為場面からミクロやマクロなリアリティへと自在な視点の切り替えを必要とする点にある。ゴフマンは相互作用場面を介して、人となり（personality）―相互作用（interaction）―社会構造（social structure）という三つの異なる社会的リアリティが互いに交叉しているという。彼はこのようなリアリティの交叉についての説明において、相互作用場面における状況の定義が崩壊したときを好例として取り上げる。ある状況場面の崩壊は個人の社会的アイデンティティを傷つけ、さらには状況場面で個人が引き受けていた社会集団の評判を引き下げる。まさに状況場面の崩壊によって、この三つの社会的リアリティへ同時に重大な帰結がもたらされることを指摘する。つまりゴフマンはこれら異なる次元のリアリティに対して別々にアプローチするのでもなく、また三つの次元をひとつへとまとめ上げるのでもなく、三つのリアリティは状況という場を介して緩やかなつながりのもと相互に乗り入れられているという視点を提示する(Goffman 1974: 285-7=1959: 242-3)。

さらにゴフマンの立場を付け加えるならば、彼の考える個人とは心理学的な現象としての主体といったものではなく、音声を発することのできる唇や肺器官を有するなどの物質的な身体性を伴う人のことであり、また状況場面に反応(対応)する能力を備えた主体でもある。そして人々がある時空間の異なる場に現れた人物を「同じ人」であるとみなしているのは、このような物質的な身体が時間的・空間的に連続して存在していたという仮定がなされ、このことは揺るがないと人々が信じているからでもある。

では三つのリアリティの交叉を、ゴフマンが役割距離のなかで展開した事例をもとに検討してみたい。人は具体的なある活動状況においては、その状況にそった規範的役割を引き受けなければならない。規範的役割は集団や組織体へと連なり、社会構造へとリンクする。その一方で人はその状況にそった制度的役割にただ拘束されているのではなく、性別・年齢・人種・社会階級などをはじめとする他の役割を状況場面の文脈に即してのぞかせ、その役割コードに従って演じてゆく。そして個人による役割コードのスイッチの仕方や表現方法(スタイル)は、われわれが個人の人となりと呼ぶところである。

役割距離の例示における主任外科医の場面を参考に検討してみよう。主任外科医は手術における執刀医としての規範的役割を演じつつも、インターンの過ちを指摘する際には「そっちをもつんじゃなくて、たぶん、こっちじゃないか。眠いのかい。ぼうや」と、年上という年齢役割に乗って冗談を飛ばす。こうした役割コードのスイッチによって、状況の意味づけは、規範的役割である主任外科医がインターンを叱責するというものより、年上の者が年下の者へ間違いを冗談交じりにただすという年齢役割にそって行われる。このことでインターンの自己統制を維持させつつ過ちに気づかせるという主任外科医の配慮が示され、それと同時に手術室における他のメンバーの注意の拡散防止もはかられている。つまり手術室のチームの不安管理を取引に、主任外科医はインターンの無能な行為を規範的役割にそってあからさまに叱責しない「ナイスガイ」を演じてみせたのである。

また役割コードの切り替えは、語り手が能動的に行えるのではなく、切り替えにおいても状況に依存した一定のきまりや規範的役割からの影響が存在していることも指摘しておきたい。前述の主任外科医の例を再度検討してみよう。主任外科医は自らの規範的役割のなかにチームに対する不安管理の機能があることに意識的であり、だからこそ役割コードを切り替えて「ナイスガイ」を演じたのである（Goffman 1961＝1985: 131－46＝1961: 120－32, 1981:124－30）。

このようにゴフマンは、個人の人となりや社会構造へとつながっていることを配慮しながら〈いま・ここ〉における相互行為場面の分析を試みている。たとえば、この視点を、前述のモデル・ストーリーから外れたパーソナル・ストーリーへの分析に応用してみるとどうだろうか。あるモデル・ストーリーから外れた語りを、語り手の「固有性＝独自性」の表出として状況的文脈を脱落させて説明するのではなく、あるコードの語りから別のコードの語りへとスイッチが行われたのであり、このことをインタビュー場面における状況の意味づけの転調や、そのなかで展開された語り手の立ち位置の変化として解釈することができるのではないだろうか。

3　ゴフマンの多元的リアリティとモデル・ストーリーの布置

ゴフマンの著作のなかで、経験の組織化あるいは多元的リアリティについて体系的に示されたものに『Frame analysis』がある。また自然的な会話を言語の読解にかかわる指示的なコンテキストからではなく、コミュニケーションを規定するメタ・コミュニケーションから分析している『Forms of Talk』がある。本節では両著作のなかで展開されているゴフマンのフレーム分析にそって、筆者が行ったインタビューデータを検討してみたい。

3−1　発話者の立ち位置と語りの構造

語りの分析を始める前に、ゴフマンが捉える語りの構造とその働きについて示しておきたい。

ゴフマンは経験の組織化がいかに行われるのかということを説明するための基本的な分析概念としてフレーム（frame）という言葉を提示する。フレームとは〈いま・ここ〉における対象を知覚する枠組であり、かつ知覚された対象を意味づける認識の枠組である。(3)また人々は出来事の知覚と知覚されたものの意味づけの枠組（初期フレーム primary frame）によって構成される平面的な日常生活世界を生きているというよりは、状況的に多層的なフレームのなかで経験を組織化させている。そして状況とは刻一刻と時間的に推移していくものだが、その推移に伴って人々の経験を組織化するフレームそのものも変換されていく。このことは同時に人々の状況における立ち位置が再解釈をされ続けることでもある。ゴフマンは会話の状況は聞き手と語り手という固定した役割によって推移しているのではなく、状況に参与している成員が様々に立ち位置を変化させている（＝フッティング footing）と捉えている。つまりフレームの変換には、参与する者たちのポジションの変換も伴っているのであり、それゆえに状況のフレームは安定して維持し続けられるものというよりは、可変的で脆弱なものとなる。

なかでも語りの分析を進める上で重要になってくる概念が、語り手に着目して捉えられている産出フォーマット（production format）の概念セットであり、ここではその三つの概念について説明しておく。[4]

まずひとつが身体的機能を用いて言葉を発する発声体（animator）としての語り手である。たとえば人は声を発したり相手の言葉を聞き取ったりと、拡声器や電話機のような機能を身体的に有しているが、それがこのポジションにあたる。話者は特に語りの登場人物の口まねや、ある地方の方言をまねたり、音調を下げて話すこともあれば、声量をあげて話すこともある。会話で用いられる言語記号は音声によって相手に伝えられるが、その発声を担保している身体としての語り手と言い換えてもいいだろう。ついで発せられた言葉の作者（author）としてのポジションがある。これはどのように表現するのか、表現する文や単語を選ぶ主体を指す。また相互行為の場に対応する主体であり、ストーリーラインを維持しながら、状況内で発せられる様々な手がかりや標識を察知し、自身の立ち位置を管理する力量をもった主体と考えてもよい。最後に発話によって明らかにされる立場や信念の本体（principal）としてのポジションである。これはあるカテゴリーや集団、組織体の一員としての地位、つまり社会的役割や社会的アイデンティティにおいて行動している個人と関係している。個人は発声体や作者としての身体機能や能力を保持しつつ、帽子を取り替えるように立ち位置を変えていく（Goffman 1981: 144–5）。本稿前半で取り上げているモデル・ストーリーとの関連を述べれば、モデル・ストーリーとは個人によりある状況において演じられる集団における役割コードにそって語られた語りのことである。

次にインタビューという会話場面の特徴を押さえておこう。インタビューという方法によって研究者は様々な情報を得ることができるが、とりわけライフ・ストーリー法は語り手の過去の経験について語ってもらうことが多い。この場合、過去の経験のエピソードは〈いま・ここ〉で行われている会話のなかに埋め込まれて展開されている。また語り手にとって過去の経験や出来事を話すということは、過去のモノ・

コトの再演にあたる（Goffman 1974: 68）。一方物語としてのモノ・コトの再演は、聞き手側の立場で捉えると、ただ語り手の過去の経験を事実として確認することを目的とするというよりは、〈あのとき・あそこ〉の地点に立ち返って再演された語り手の個人的経験を追体験することになる（Goffman 1974: 504）。

ただしここで注意しておきたいことは、語り手が〈いま・ここ〉で語る「私」が指示する対象は、〈あのとき・あそこ〉に立ち返って語る語りのなかの「私」が指示する対象とは異なる。その違いを捉えるために、ゴフマンは登場人物（figures）の分析概念を追加する（Goffman 1981: 147）。この登場人物は必ずしも語り手本人でなくてもかまわず、過去のエピソードのなかで登場する他者でもよい。この登場人物の概念によって、前述の産出フォーマットと掛け合わせて語りを分析することが可能となる。これによって多様な解釈フレームが語りのなかでどのように導入され、そしてどこでどのような要因によって切り替わるかを明らかにすることができる。つまり、インタビューにおける〈いま・ここ〉の状況場面と、〈あのとき・あそこ〉の時間で語られる過去の経験とがどのような要因によって切り替わるのか、あるいはフレームの転調は〈あのとき・あそこ〉の語りのなかにおけるものなのか、あるいは〈いま・ここ〉の状況場面におけるものなのかといった違いを意識して分析することができる。

3-2　発話者の立ち位置からみる会話場面――フレーム分析1

では筆者が行ったインタビューを会話場面として位置づけて分析を試みる。用いるデータは筆者が一〇年以上の歳月をかけて行った国立ハンセン病療養所多磨全生園での調査研究によるものであり、下記の分析に至るまでには長い時間を要したことを記しておきたい。

筆者は当時大学院生であり、調査目的で全生園に出入りしていることはオープンにしていた（トランスクリプトでは＊＊と表記)。また、語り手は自治会立図書館での患者作業に従事していた男性であり(トランスクリプトではＡｃと表記)、当時は独身軽症者寮に居住していたため、インタビューは彼の居室で実施した。用いるデータは調査の初期の頃のものであり、Ａｃさんのインタビューは全生園でのインタビューを始めて二五人を超えた頃に行った。また初期の調査計画では個人の病い体験に焦点をあててインタビューを行っており、生い立ちから発病、療養所内での生活といった風に、時系列的に人生について語ってもらっている。

さて、Ａｃさんの語りの話題は、療養所における私的な看取りについてである。看取りとは療養所でありながらも患者が患者の最期を看取ることであり、療養所内での親密圏の形成に伴って発展した患者集団の風習である。ところが、この看取りの風習は九〇年代に入り、施設運営組織側からの介入を受けることになる。介入の理由は、遺産を巡って患者遺族との間にトラブルが発生するようになったためであり、トラブル防止と看取りの風習の保護から、看取りの中心役の患者を保護者として登録する保護者制度がもうけられた。

次に提示するデータの前のやりとりを説明して、会話の流れを明らかにしておきたい。筆者の質問の前にＡｃさんは療養所に一緒に入所した父親が亡くなり、その看取りの話をしている。母親が遺骨を取りにやってきたこと、病気との関係で母親には園内結婚を禁じられていたことを語っている。園内結婚とは、療養所内で患者同士が夫婦関係を持つことである。これは療養所内でかわいがってもらっている先輩患者からの紹介というお見合い形式をとることが多く、結婚を通じて若い患者は先輩患者と親子のちぎりを交わすことになる。それによって先輩患者は園のなかでの後見人として若い患者を取り立ててやり、そのお返しとして彼らが年老いたり病状が進んだときには若い患者が介護の中心役になって彼らの最期を看取る。

Ａｃさんに園内結婚を勧めてくれた人たちとは、聞き取り当時、このような保護者と被保護者の関係にあり、提示データはそのことについて言及しているところから始まっている。

＊＊：そういった保護者制度についてはどういう風に考えていらっしゃるの。
Ａｃ：ま、施設の方は都合がいいだろうなって思うよ。
＊＊：自分にとってはどうだろう。
Ａｃ：やはり、しんどいときもあるし、で、相手もしんどいんじゃないかと思ったりするよ。
＊＊：それやってること、あるいはなってもらってることによって、気持ち的に安心したりあるいはもうしんどいという気持ち？
Ａｃ：あの、なんつうかな、今はしんどさよりも、なんつうかな、かりにね、悪くなったり、命の灯火が消えかけたときなんか、やはりそういう人がいるっつうことは、面倒かけることだけれども、本人としては、やはり、そういう制度があった方がいいと思ってるのね。
＊＊：じゃあ、本人（＝当事者）達にとってはそうだけど、Ａｃさん自身はどう？
Ａｃ：自分にとってはやはり恩返しということもあるしね、そういうあれでは、相手が拒まない場合、相手がやってくれっていう場合は、あの、そういうあれは、できる範囲だけど。
＊＊：それをやることによってなにか自分に返ってくるものとかある？
Ａｃ：それでプラスになるってことはないけど、なんつうかな、この中のやはり人情風俗、じゃないかなって思うよ。
＊＊：その人情風俗は自分自身にとって心地いい、それとも煩わしいと思うの。

Ａｃ：いや、煩わしいとは思わないけど、煩わしいっつうよりも、ん、なんつうかな、義務的な面も自然に出てきちゃうね。うん、もう、一日二日いかないと相手が心配してるんじゃないかって、こっちのことをね。ん。

患者同士の看取りを組織化する解釈フレームには、いくつものバージョンがあるだろう。経験を組織化するフレームを網羅的に把握することは不可能であるが、筆者が調査研究のなかで識別した看取りに関する解釈フレームを提示し、その説明を行っておく。解釈フレームの一つ目は、生活組織によって支えられた患者集団の文化コードにそって語られるもので、相互扶助や助け合い、「同病相憐」といった用語を用いて語られるものである。一方、患者相互の看取りを療養所運営に利用したとする批判的な解釈フレームも存在する。看取りにおける施設批判という解釈フレームは、必ずしも患者集団に由来する解釈とは限らない。筆者の調査研究は患者集団の生活組織に焦点を当てて研究していたことから、施設批判の解釈フレームがどの集団あるいは組織体の文化コードに由来するフレームなのかその同定にはいたっていないが、筆者のインタビューにおいては、患者運動に従事してきた人、ある政党支持者、ハンセン病訴訟に積極的に関与した人などからよく聞かれており、施設外の外部集団との接触によって形成された可能性が考えられる。いずれにしても、個人の語りに影響している解釈フレームを十全に理解することには限界があることは指摘しておく。

では語りのフレーム分析を行いたい。最初の筆者の質問（「そういった保護者制度についてはどういう風に考えていらっしゃるの」）に対してＡｃさんから「園に都合がいい」という返答がなされた。保護者制度は前述の通り患者集団によって生成したものというよりは、施設運営組織によってつくられたものという意味合いがある。それゆえに、筆者の質問にある保護者制度という言葉が、ひとつの合図となってＡｃさんの解釈に影響している。またこの施設批判の解釈フレームであるが、Ａｃさんが長年勤めていた自治会立図書館には、社会運動に関心のある研究者も出入りしており、彼らとの接触から施設批判の解釈フレームを学び取ったことも予想される。そして筆者もＡｃさんが勤める自治会立図書館にで入りしている研究者のひとりであった。そのためＡｃさんにとって筆者とのインタビューという会話場面で、施設批判の解釈フレームにスイッチすることは許容される（比較的安定して表出してもよいもの）として捉えられたのかもしれない。

次いで「自分にとってどうだろう」という筆者の質問は、ストーリーラインを替える合図となっている。Ａｃさんの返答はそれまでの施設批判のコードからスイッチして、生活組織によって支えられてきた患者集団の視点から説明がなされている。患者同士の親密圏は人工的に発生したものであり、「義務的な面も自然に出てきちゃう」といった患者集団ならではの意味づけや、「人情風俗」といった用語は、患者集団の解釈フレームにおいてよく耳にする言語表出である。

またときおり筆者は施設批判の解釈フレームと患者集団の解釈フレームのうちＡｃさんがどちらの立場で「自分」を説明するのかに関心を持ち、Ａｃさんに対して質問を投げかける。その質問に対してＡｃさんからはっきりどちらかを指示する意味をもつ返答をもらえていないと感じ、聞き方を変えて何度も回答を要求している。その結果、Ａｃさんは患者集団の文化コードを用いて「自分」の態度を説明する。筆者が療養所という全制的施設（total institution）で生きてきた人々の病いや経験について関心を示していたため、その圧力がＡｃさんの「自分」に対する表現に影響した可能性も考えられる。

この語りのフレーム分析に必要なものは、ある経験を組織化する解釈フレームを社会構造のなかから見つけ出し、その解釈フレームを語り手の社会的アイデンティティに照らしつつ、語りが〈いま・ここ〉の状況に規定されながらいかに表出されているかを捉えるまなざしである。

3-3　多層的な語りの構造からみる会話場面——フレーム分析2

次にデータを用いてインタビューが多層的なフレームのなかで組織化されていることを示してみたい。語り手は独身軽症者寮に居住していた女性入所者である（トランスクリプトではB・iと表記）。彼女は最初に邑久光明園（岡山）に入所したのち、退所。病気の再発をきっかけに、多磨全生園へと再入所してきた。

B・iさんの語りにおける話題は、園名についてである。園名とは療養所内で使用がゆるされた通名である。家族がすでに入所していたり、入所前に病人宿で過ごしているなどの経歴がある人は、療養所で通名が使用できることを知っていることもあったが、ほとんどの人が入所手続きの際に通名使用ができることを知らされる。

つづいて提示するデータの前のやりとりを説明しておきたい。そのやりとりでは、B・iさんが最初に入所した邑久光明園での入所体験について語られている。父親に付き添われて光明園に着き、入所手続きなどをすませた。父は明日、郷里へと帰る。別れを惜しんでいたら、本来患者と健常者は別々の部屋で宿泊する決まりだったが、患者自治会人事係の計らいで、親子が一晩一緒に過ごすことができた。慣れない場所での不安、親元を離れての生活、これまで見たことのない形相の人々への恐れなどについての語りのあと、冒頭の筆者の質問となる。

＊＊：入ったときのショックからどれくらいたって慣れてゆきました？
Ｂｉ：もう、ん、そうですね。みなさん親切は親切だから、みんなここの人は顔は怖い顔をしてるけど、ほんと心は優しいなあって思って。その（患者自治会）人事係の人がね、食糧難のときね。食べる物もないし、人事係の奥さんがあのぉ、普通の娘の一般舎に入ったときに、「ここに入ったときには本名は使わない方がいい」って言われたの。なんで本名使わない方がいいのか不思議だったですよ。やっぱり、伝染病だから本名使えないのかなって思って、「名前、変えた方がいい」って言うから、私、勝手に田中（仮名）なんだけど、田口みよこ（仮名）って、みよこって名前がかわいいもんだから、自分で勝手につけて。で、向こうで勝手に田口みよこにしたんですよ。
＊＊：じゃあ、光明園では田口みよこさんだったんですね。
Ｂｉ：そうそうそうそう。で、その人事係の、お部屋を決める人事係の奥さんがすごく私をかわいがってくれて、食糧難のときだったから「今日はうどん作ったから、うどん食べに来な」とか、「ごはん炊いたからごはん食べに来な」とか、しょっちゅう大事にしてもらったの。

園名に関する解釈フレームにもいくつかのバージョンがあるだろう。筆者が同定したもののひとつは郷里家族への差別・偏見が及ばないようにと、施設側の配慮で許された温情的な意味合いで解釈されるものである。そしてこの解釈フレームは管理運営組織である施設の文化コードに由来する。また園名を勧められることは、新参患者にとって一般社会への決別や病者としての人生へ歩み出していくといった通過儀礼として位置づけられ、この経験に対する評価には、諦観の念が表出されることが多い。ちなみにハンセン病訴訟における運動組織は、通名の使用という経験を本名が名乗れない、囚人のような扱いといった意味を生じさせる解釈フレームを生成させ、近年広く支持されている。

以下くわしくフレーム分析を行ってみたい。Ｂｉさんの語りのなかには「人事係の奥さん」が登場人物として持ち出される。人事係とは管理運営組織である施設内の部署ではなく、患者自治会における人事係のことである。自治会人事係は、新参患者の舎の部屋割り振りなどを担当する部署である。「人事係の奥さん」は、当時新患だったＢｉさんよりも先輩患者であり、療養所内のしきたりにくわしい。このＢｉさんの園名に関する語りでは、Ｂｉさんが語りの作者であり、新参患者であった「私」や「人事係の奥さん」が〈あのとき・あそこ〉の語りにおける登場人物となる。そして「人事係の奥さん」の語りを音声によって再現する主体はＢｉさん自身である。また登場人物の「私」が、どうして本名を使わない方がいいのだろうかと思案する際には、療養所に対して外部世界である全体社会の解釈フレームで考えていた新参患者というポジションをとる。一方「人事係の奥さん」は療養所社会でのしきたりに熟知した先輩患者として位置づけられており、彼女が園名を勧めたことは管理運営組織の解釈フレームのなかで発せられている。解釈フレームの主体は管理運営組織であっても、その使用においては必ずしもその集団に属するメンバーに限定される必要はない。また、語りの作者であるＢｉさんは、患者集団の解釈フレームから物語を構成しており、登場人物の「私」や助言してくれた「人事係の奥さん」の両方に影響を及ぼしている。さらにこの語りは、〈いま・ここ〉のインタビュー場面でのフレームのなかに、〈あのとき・あそこ〉の過去のモノ・コトを語る物語世界が埋め込まれた入れ子の関係にある語りである。Ｂｉさんは親しい関係にあった先輩患者とのやりとりをインタビュアーに再演しているのであり、インタビュアーは再演されている当時のＢｉさんの生活環境にも深い洞察のまなざしを向けなければならない。

つまりこの語りに対してフレーム分析を行うには、上述してきた語りの分析に必要なまなざしを埋め込まれた〈あのとき・あそこ〉の過去の物語世界にも適用させつつ、その物語世界が〈いま・ここ〉の状況に投錨されていることにも意識を向けることが必要である。

4 結論

対話によって生成される語りには、それを組織してゆく構造的なしかけがあり、また対話場面のリアリティは絶えず揺らいでおり一様ではない。その上フレームの変換によって、語りの構造は複数の層をなして展開され、我々を多元的なリアリティのなかへと誘っていく。このような多層的で可変的な語りの構造をゴフマンは次のように指摘する。「トークは構造を持ったゴミの山である。ある文化における活動を形作る諸方法の小片や断片を見つけ出すことのできるゴミの山である」と(Goffman 1974: 499)。

しかしこの言明を前にして、いくつもの処理しなければならない作業が浮かんでくる。たとえば小片Aは多層的なトークのどの階層で発見されたものなのか、またどうやって小片Aと小片Bを区別してその本体となる文化を同定できるのか。これらの小片群はどうやって埋められたのかなどなど。

この作業を達成するためには、フレームの出自となる集団や組織体の同定、フレーム変換の読解、作者である現在の話者の生活環境への観察などが必要となり、分析者の柔軟な想像力や洞察力が求められる。このようにライフ・ストーリー法にフレーム分析を援用することの利点は、分析において語りが生成された状況という文脈に即して、人となり―相互作用―社会構造を常にいったりきたりしながら、地道に分析を積み上げることができる点にあるといえる。

【注】

（1）そのほかにもいくつかの分析概念が提案されている。そのひとつが物語世界とストーリー領域であり、これらは経験的な語りから語り手個人の生活世界を読み解くために有用な分析概念である。またこの概念は社会言語学者であるK・ヤング（K.Young）による taleworlds および storyrealms に倣って提案されたものであるが、ヤングにおいてはこの分析概念を考案するにあたり、ゴフマンの『フレーム分析』から多くの手がかりを得ていることを告白している。彼女は物語らしさとは、時間性（temporality）と因果性（causality）から作られている点を指摘し、taleworlds（物語世界）部分は時間の軸に沿った因果性によって結ばれた出来事からなる物語的語りであり、一方 storyrealms（ストーリー領域）は、時間的な順序性が問題とされるのではなく、むしろ物語の枠の外からの評価や次の物語への方向付けを行う部分であるという。ヤングは語り手と聞き手の相互作用によって語りが共同構築される点に配慮しつつ、それぞれの領域の語りが様々なコンテキストにそって多元的に構成されていく様を捉えようと検討する。しかし彼女の分析視点は物語論や言語学から強い影響を受けていることから語りをテキストとして捉えており、状況的文脈よりもテキスト上の文脈による分析に比重が置かれている。

（2）桜井は個人による経験的語りと呼んでいた個人次元の語りの様式を近著にてパーソナル・ストーリーと言い換えている（桜井 2012: 104）。本論文では近著に従って個人による経験的語りをパーソナル・ストーリーに統一して用いることにする。

（3）前者は「いま」「ここ」（時間と空間）における対象を知覚するフレーム（自然的フレーム）であり、後者は知覚された対象の背景的理解をもたらす認識のフレーム（社会的フレーム）のことである。

（4）聞き手に関しては「参与の枠組 participation framework」という図式で捉える。まず、会話という集まりに参与の資格があるかどうかを分類し、参与を「容認された参与者 ratified participants」「容認されない参与者 unratified participants」に二分する。資格ありとされた「容認された参与者」にも、「話かけられている聞き手 addressed recipients」と「話かけられていない聞き手 unaddressed recipients」があり、前者は返答の義務が生まれ、後者はそれほどでもない。また三人以上の輪になって話す場合、話し手は全体というよりは、ある一人を焦点に据えて話すことが多く、誰に向かって話しているのかという選択は、語り手の視線や体の向き、名前の呼びかけなどによっても行われる。一方、「容認されない参与者」には「盗み聞きをする人 eavesdroppers」やその場で「偶然聞く人 overhearers」、会話への参加は許されていないが、その場にいることが原則認められている「傍観者 bystanders」がある。

【参考文献】

Goffman, E.（1961）*Encounters: Two Studies in the Sociology of Interation*, The Bobbs-Merrill. = 佐藤毅・折橋徹彦訳（1985）『出会い――相互行為の社会学』誠信書房

――――（1966）*Behavior in Public Places: Notes on the Social Organization of Gatherings*. New York: The Free Press. = 丸木恵祐・本名信行訳（1980）『集まりの構造――新しい日常行動論を求めて』誠信書房

――――（1974）*Frame analysis: An essay on the organization of experience*. Boston, MA: Northeastern University Press.

――――（1981）*Forms of talk*. Philadelphia, PA: University of Pennsylvania Press.

Portelli, A.（1990）*The Death of Luigi Trastulli and Other Stories: Form and Meaning in Oral History*, New York: State University of New York Press.

桜井厚（2002）『インタビューの社会学――ライフストーリーの聞き方』せりか書房

――――（2010）「ライフストーリーの時間と空間」『社会学評論』60（4）: 481−99.

――――（2012）『ライフストーリー論』弘文社

Young, K.（1987）*Taleworlds and storyrealms: The phenomenology of narrative*. Dordrecht: Martinus Nijhoff.

第4章 メディアのストーリーはいかに生成・展開されるのか
――在日南米人の犯罪をめぐる言説を題材に

酒井アルベルト

1 社会的行為としてのメディア

個人のライフストーリーは、紛れもなく「自己」の経験を物語るものである。しかし、物語る行為は具体的な文化、社会的状況、歴史的背景の中で行われるものであり、語られるストーリーはこうした文脈と無縁ではない。あるストーリーの筋が特定の地域やコミュニティ内で共有され、特権的な地位をしめた場合は「モデル・ストーリー」と呼ばれる。さらに、全体社会において支配的な言説のことを「マスター・ナラティブ」という（桜井 2002）。個人的な経験は、モデル・ストーリーや支配的なマスター・ナラティブと参照され、それらに対して同調もしくは反抗しながら、ライフストーリーとして組織化されるのである。翻って、個人のライフストーリーが発信されたり語り継がれたりすることによって、より広い社会的空間で流通する言説が構築されたり修正されることも可能である。

ライフストーリー研究では、以上のことを踏まえて、個人の語りを支配的なストーリーと対比させ、そこから語り手が置かれている社会的文脈を読み解く、というアプローチをとることが多い。では、モデル・ストーリーやマスター・ナラティブはどこから抽出できるのだろうか。当然、多くの支配的なストーリーは口伝えだけではなく、さまざまな媒体を介して伝播する。マスコミ情報、出版物、映像などから得られる情報は、たんなる知識の断片に止まらず、「筋立てのストーリー」そのものをも提供する」ものである（桜井 2010）。ただし、メディアに媒介されたストーリーは、各媒体の特性によって規定され、一定の形式が与えられる。プラマーの表現を借りれば、「ストーリーは、語り手、誘導者、テクスト、読者、ストーリーが語られるコンテクスト、これらのあいだで循環する共同行為のたえざる流れに依存している」（Plummer 1995=1998: 47）。すなわち、ストーリーは社会的世界に埋め込まれた社会的行為であり、様ざまなメディアで具象化されたストーリーも一連の社会的行為の産物である。そう考えると、社会に流布する言説に目を向けた場合、メディア機関がいかにストーリーを生み出すのか、という問いが重要になってくる。

筆者も在日南米出身者の研究の中で、当事者へのインタビューとメディアのストーリーを照らし合わせて、「コミュニティ意識」にまつわるストーリーの分析を試みた。本稿ではその調査プロセスを振り返りながら、モデル・ストーリーの生成過程について考察する。

2　在日南米人と「外国人犯罪」

一九九〇年に施行された出入国管理法の改正により、配偶者を含む三世までの日系人が無制限に日本で就労することが可能になった。その結果、ブラジルやペルーなどから数多くの南米出身者が出稼ぎ目的で日本に渡り、人手不足に悩まされていた日本の製造業をはじめ、さまざまな分野で労働力として活用されてきたのである。その数はピーク時には三〇万人を超え、日本における第三の外国人コミュニティとなった。九〇年代半ば以降は日本滞在の長期化が進むが、やがて二〇〇八年のリーマンショック後の「派遣切り」の波を受け多くの日系人労働者が解雇され、政府は残余の労働力を「処理」する施策を打ち出した。厚生労働省が二〇〇九年四月から二〇一〇年一月までに、帰国を決意した日系人離職者に対して一定額の帰国支援金を支給する事業を実施し、一万七四九九人分の申請があったと公表している[1]。その後もブラジル国籍やペルー国籍の居住者数が毎年減少しているが、日本で子どもを育ててきた世帯のあいだでは定住志向が強いようだ。

筆者が調査に取り組み始めた二〇〇四年頃は、在日南米人のあいだで、日本社会への統合について活発に議論がなされていたように感じた。その中で、母語継承などを含むコミュニティのありよう、子供の教育問題など、現在でもよく取り上げられる話題が俎上に上がっていたが、「犯罪」をめぐるトピックにとりわけ関心を引かれた。「われわれ南米人の犯罪率が高いため、なかなか日本のホスト社会に受け入れられないのだ」という具合に、「犯罪」は日系人と日本人のあいだに立ちはだかる大きな障害のように語られていた。

日本の入管法改正後、南米出身者が関与した最初の重大な事件は一九九一年に起きた。群馬県藤岡市で同年五月にスナック従業員の女性を殺害した容疑で、二七歳の日系ブラジル人男性テルミ・マエダ・ジュニアさんが逮捕された事件である。両者は当時隣人でありながらほとんど交流がなかったとされていたが、女性の「冷たい態度」に苛立ちを覚えたことがマエダさんの犯行動機だった、と日本のマスメディアが報道した。

一九九〇年九月、ブラジルで会社員だった長男（テルミ・マエダ被告）は結婚三週間後、単身で日本に出稼ぎに来た。当時、現地のブローカーたちは「日本に行けば簡単に金がもうかる」「帰れば家が建つ」と誘った。多くの日系人が日本を目指した。

来日した長男は埼玉のシート工場で働いた。期待と違う「安い給料」。少しでも高い賃金を求めて工場を転々とした。

昨年（一九九一年）二月、群馬県藤岡市の鋼管製造会社に勤めた。「簡単な流れ作業。新しいアパートを用意する」とのブローカーの触れ込みだった。だが、狭い社宅の三人暮らし。「汚れた住まい」にふさぎ込んだ。

間もなく、長男は隣家に住むスナックの女性従業員（当時三九）を絞殺した。日本語が思うように話せず、免税店の場所を教えてもらおうとして断られた。来日以来募っていた不満がはじけた（朝日新聞夕刊 一九九二年一二月一四日）。

殺人動機の根底には「来日以来募っていた不満がはじけた」という原因があったと述べられているが、その不満とはつまり「安い給料」、「汚れた住まい」、「日本語が思うように話せない」ことなど、日本での生活上の悩みである。また、日本に対して抱いていた期待があまりにも大きく、あまりにも現実とかけ離れていたことが背景として提示されている。つまり、期待と現実の齟齬から、そして文化や習慣の相違から問題が生じたという解釈である。

この事件をルポルタージュしたモンセ・ワトキンスは、警察の取り調べに脅迫や暴行などの不正があった疑いを指摘し、上記の解釈枠組みを批判している。

「自白すれば、死刑を免れる」という約束や脅しが警察からあったとされる。二回も弁護人を変えたため、最初は全面的に無実を主張する戦略から、最終的に日本にいる「ストレス」でそうなったという主張へと戦略が変わった。ただ、拷問などのせいでノイローゼになっていたのは確かだ（ワトキンス 1994: 30）。

もしこれが事実だとすれば、「日本で生活する↓不満が生じる↓自ずとストレスがたまる」という図式が、外国人労働者ないし南米日系人に特有の問題の一環として、弁護側により戦略的に自明視されたことになる。実際に逮捕の翌日、朝日新聞は次のように事件を報じていた。

同容疑者はまた、昨年九月に来日して以来、言葉の問題や生活習慣の違いなどからストレスがたまっていた、とも話しているという。

捜査本部は、外国人労働者として日本の生活環境に適応できなかったことも事件の背景にありそうだ、とみている（朝日新聞　群馬　朝刊　一九九一年五月二八日）。

その後、ブラジル人に限らず、「外国人犯罪」を問題化する風潮が勢いを増した。確かに、警察庁の統計上では外国人の犯罪が著しく増加したようにみえる。一九九五年の検挙数が二万四三七四件だったのに対して、二〇〇〇年には三万九七一件までのぼり、さらに二〇〇五年には四万七八六五件まで達し、一〇年間で二倍近くの増加を示している（警察庁 2010）。

ただし、統計データは注意して検討するべきであることを指摘しておきたい。なぜなら、まず犯罪検挙

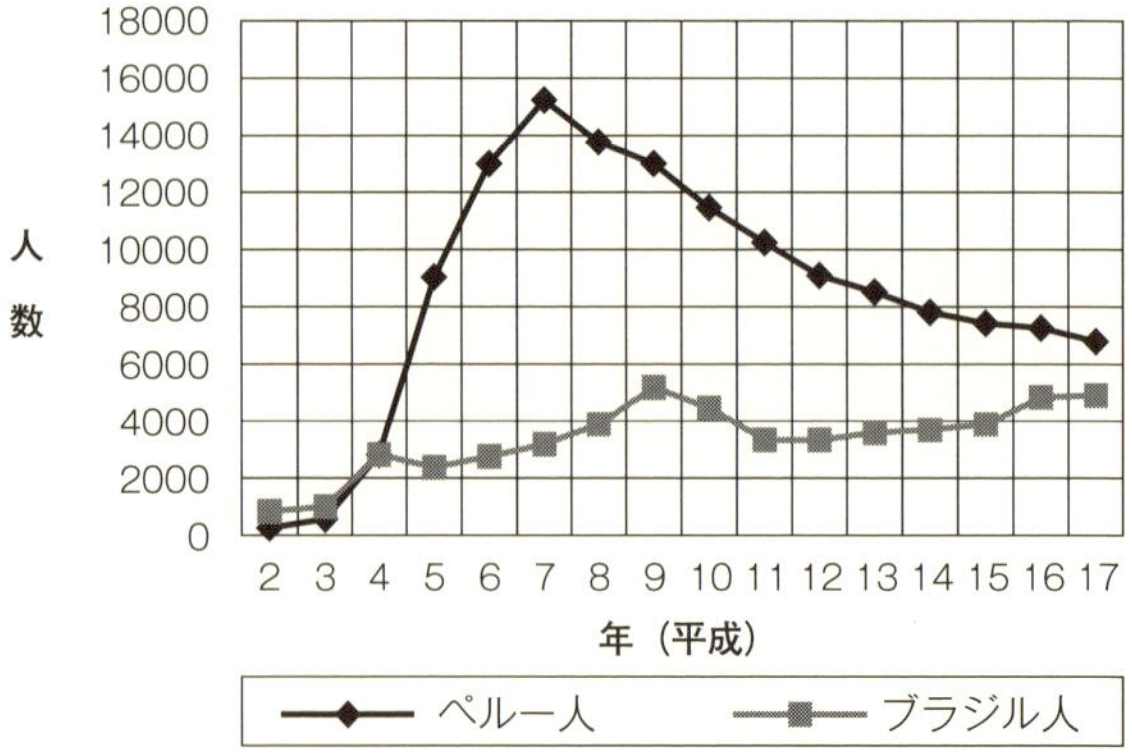

ブラジル人及びペルー人不法残留者推移
（出典：法務省入国管理局ウェブサイトより筆者作成）

数のデータには、「刑法犯」と「特別刑法犯」の二種類の犯罪が計上されているが、後者は入国管理法違反など、外国人しか該当しない犯罪が含まれているからである。また、本来ならば犯罪の「認知件数」が犯罪の増減の指標であり、「検挙件数」は犯罪に対する警察の活動を示しているのである。したがって、検挙件数の増加が意味するのは、外国人に対する取締りが強化されたことだと考えられても、実際の犯罪の増加ではない。それにもかかわらず、外国人犯罪に関しては「検挙件数＝犯罪」と同一視されることが多いようだ。

　その中で、在日ペルー人コミュニティの場合は、身分偽装や超過滞在（オーバーステイ）といった、滞在許可にかかわる違法行為が多いことが特徴的である。把握できる超過滞在のデータだけをみても、二〇一二年においてペルー人とブラジル人の不法残留者数は同等レベルであるものの、合法人口との比率ではペルー人の不法者の割合がより高いのだ。その人数の推移をみよう（上記図を参照）。不法残留者がもっとも多かった一九九五年には、合法滞在していた三万六二六九人のペルー人に対して一万五三〇一人の不法者がいたとされている。総人口（合法+不法）対比でもっとも高い割合（二九・六七%）をしめていた年でもある。その一方でブラジル国籍の場合は、ピークであった一九九七年に五〇二六人の不法滞在者が確認されており、在日ブラジル人総人口（二三万三二五四人）の二・一〇%に過ぎなかった。

3　エスニックな亀裂

日系人を優先的に受け入れる制度は、筆者が「日系性」と呼ぶ血縁の原理をもたらし、その結果、南米人コミュニティ内にエスニックな亀裂を生じさせたと論じたことがある（酒井 2006）。その亀裂の延長線上において身分を偽装したいわゆる「偽日系人」など、日本に不法滞在する人たちに対して、一部の日系人は排他的な態度を示していた。こういった血縁の利権構造の中で、不法滞在者はさらに「一般犯罪」（入国管理法違反以外の犯罪）の疑いをかけられることもある。当時のインタビュー調査中に「偽日系人」と犯罪の関連について語られることは稀であり、内輪で話すとき以外はほとんどタブー視されていたようである。だが、インターネットの非公開コミュニティなど、匿名性を盾にできる環境では加熱した議論も展開されていた。二〇〇六年に投稿された下記の書き込みは、身分偽装を話題にしたあるサイトの掲示板から記録したものである。日系人になりすます一部のペルー人の行為を非難する目的で、日系人であるユーザーAさんがトピックを立て、多くの反応を惹起した。そこで同じく日系人と名乗るBさんに、偽装日系人からどのような被害を受けたのかを問われる。

A：本来のペルー人がとっても暖かい人達です。但し偽装書類を使って来日した人達がペルー人本来の暖かみ、優しさを持ってない様な気がしては《ママ》ならない。

貧困脱出を口実に人種が違うとはいえ同国人を平気で犠牲や踏み台にして、おまけに日本で〔日系ペルー人に〕弾圧までかけて、良い人達であるはずがないと思います。

B：その人達が、すべて、非道で、バカで、オロカであったか？私は尋ねられたら、そうではないと答える。日系人をバカにしていたか？そうでない人もいたと答える。
具体的にどのような弾圧を、偽装者から受けるのか？

A：具体的な事例があり過ぎて…　何を知りたい？

マスコミ〔エスニック・メディア〕からの弾圧？工場での日常的弾圧？外国人の多い地域での日常的弾圧？

日系人と名乗るだけで「差別主義者」と決め付ける週一の新聞や雑誌。工場内での陰湿な嫌がらせと脅迫。

挑発、暴力等。


B：職場での弾圧とかいうから、もっとすんげーもんを想像したが、正直、どこの国から来た人も味わっているような事ではないか？とこの記述からはおもう。

もっとひどい目にあってる来日者はどうしてくれよう？

南米日系人は、「血」ということでスペシャルをやはり欲しいのかなとおもった。中国、韓国系に比べて、なにか必要以上の被害意識がある。

Bさんは A さんの主張を相対化し、日系人のあいだに血統主義的な考えが根強いことを指摘しているが、いずれにせよ「日系・非日系」の対立構造を垣間見ることができる投稿であろう。しかし、ある時期からはその対立の克服を訴える語りが現れるようになる。スペイン語の法廷通訳をしていたペルー人女性Cさん（二〇代）が二〇〇四年にこのように語っていた。不法滞在者の人たちと「少しずつ出会うことが多く」なるにつれ、彼らは日系人から「排除されている」ことを理解できるようになり、また、裁判所での経験を通じて自分の意識が変わったと述べている。

C：実際、泥棒の多くは日系人でした。ちゃんと滞在ビザを持っていて、中には永住権を取った人までもいました。（中略）あるとき、不法滞在者の裁判に立ち会ったんですけど、彼の唯一の罪とは日本人の子孫でないことでした。それで罰せられたり、投獄されたりするのはおかしいと思いました。（中略）彼はひたすら働き続けてきて、何も悪いことをしていなかったんです。しかもずっと同じ会社で働いていたんですよ。／／＊：うん／／誠実に。（中略）自転車のタイヤの空気が抜けていて、警察がたまたま通りかかったら自転車を盗んでいたと思われたらしく、そして「身分証を見せろ」と言われたわけです。
＊：顔が／／C：そう／／外国人っぽかったから。
C：そう、外国人の顔してたから。身分証を持っていなかったので署まで連れて行かれて、裁判が始まるまで三ヵ月も拘置所にいました。（中略）
＊：ペルー人だったんですか？
C：そう、ペルー人。本当にかわいそうに思いましたよ（・）しかも腹が立つことに、同じ日の朝に服を盗んだ馬鹿の裁判があったんですよ。でもそいつの名前は、二つの苗字とも日系だった。[2]（中略）

「私に三年間〔の滞在資格を〕下さい、私は日系人で誠実な人だから権利がある」、という主張はちょっと違うんじゃないの?と私は思いました。すべての人間に平等な機会を与えるべきじゃないですか。

4　エスニック・メディアとコミュニティの声

在日ペルー人のあいだで犯罪の語りが日常化しており、滞在資格やエスニシティの問題と絡んでいることを確認した上で、今度はエスニック・メディアにおいて犯罪の言説がどのように分節化されてきたのかを調べることにした。筆者が注目したのは、当時ペルー人コミュニティ内で有力メディアだったスペイン語版『インターナショナル・プレス』である。南米人の日本への流入が始まって間もなく創刊された新聞であり、スペイン語のエスニック・メディア市場において最も大きなシェアを占めている媒体だった(3)。基本的に創刊号から二〇〇六年までのバックナンバーにすべて目を通し、コミュニティに関わる記事に焦点を当てた。実質的には、社説と読者の投稿欄、および「コミュニティ」と呼ばれるセクションを主な分析対象とした。また、三ヵ月にわたって(二〇〇五年一二月〜二〇〇六年三月)編集部に携わる機会を得、その経験を通じて記事作成のプロセス、情報源、組織的な構造などに対する理解を深めただけではなく、過去の記事や取材の経緯を直接関係者から聞くことができた。記事内容の解釈は新聞関係者らとの対話を基にしているが、ライフストーリー・インタビューと同様、そこには聞き手の立場も深く関係している。筆者はスペイン語を母語とするため、ある程度「打ち明けやすい」話し相手だったかもしれない。ただし、ペルー人の同胞でもなかったし、調査という名目で接していた以上、日本の研究機関に所属している身分として認識されていたはずでもある。したがって、新聞活動についての語りは、「内」と「外」の狭間で構築されたものとして理解するのが妥当であろう。

まず同紙の記事内容の変遷を見渡して目立ったのは、一九九九年以降、南米人が犯した犯罪のニュースが頻繁に一面を飾るようになったことである。編集長のDさんはその当時の読者からの反応をこう振り返った。

D：「犯罪の話ばかりでうんざりだよ。新聞を読んでると元気を失うじゃないか」など、良く言われていた。でも、仕方ないでしょ、それが現実なんだから。

筆者が編集にかかわったのはこのような反応があった時期の数年後だったが、その時点でも毎日かならず犯罪ニュースを確認するよう指示され、ペルー、アルゼンチン、コロンビアなど、スペイン語圏出身者が容疑者となった事件を報道のネタとして使っていた。データベースで検索する際のコツや日本の新聞紙のどの辺りに掲載される可能性が高いか、などを編集部の人たちから教わった。ただし、『インターナショナル・プレス』の報道活動自体も、「ペルー人の犯罪率が高い」ことを現実とみなす枠組み、つまり浜井がいう「治安悪化神話」に加担しているのではないだろうか（浜井 2004）、という疑問を感じざるを得なかった。

他方で一般犯罪ではなく、超過滞在や不法入国をした人に対しては擁護をすることが多かった。新聞が創刊された一九九四年は、前述したように、不法残留者の人数がピークに近づいており、警察の取締りが強化され始めた時期である。その頃から、不法滞在者の摘発や差別に対し全面的に抗議する姿勢を示してはいた。『インターナショナル・プレス』は非日系人のイメージ改善に努め、その一環として不法者の

「声」を拡張させようとしたのである。

「相談がありましてお電話しました」と向こうの声がしゃべり始めた。普段よく受ける電話相談に聞こえたが、内容は少し違うものだった。（中略）

「私は不法滞在者ですが、合法的に国に帰りたいのです。妹と一緒に住んでいます。逮捕されて投獄されたくないのです。助けて下さい」。（中略）「充分貯金が出来たので帰りたいのです。誠実に働いてきて、誰からも盗んだりしたことはありません。だから今は自分を曝け出すのが怖くないです」（『インターナショナル・プレス』スペイン語版 一九九五年一月二一日）。

上記の文章は、不法滞在者が助けを求めて、編集室に電話をかけてきたエピソードを描く社説の一部である。多くの不法滞在者は新聞社に信頼を寄せており、編集室はしばしばこのような電話を受けていた。筆者が編集に携わり始めたときも、「電話が来たらまずは最後まで話を聞いてあげて、出来ることなら何でもやりますと伝えなさい」と指示されたのである。不法滞在者の人権救済を掲げている以上、警察による取締まり、収容所での拷問、退去強制による家族の分離などに対して、弁護士やその他の専門家と連携して、『インターナショナル・プレス』は積極的に抗議を表明していた。

いうまでもないが、それらの事件は記事の材料としても使われていた。たとえば、二〇〇四年にダウン症を抱えているペルー人少女とその家族の特別定住資格申請が拒否され、母国へ退去されそうになった事件があった。二〇〇四年一一月一三日（五五四号）の一面では家族の写真が掲載され、「ペルーでは娘のような子たちに明るい未来がありません。社会から疎外されるのです」、と母親の切ない発言を取り上げている。

このような取り組みで一貫しているのは、不法滞在者は倫理に反する者ではなく、むしろ優れた倫理観の持ち主であるというイメージを発信する努力である。

私の〔不法滞在者の〕身分のため、職場で搾取されています。けれど家族のために我慢しなければなりません（『インターナショナル・プレス』スペイン語版　一九九五年三月二六日　二面・投稿欄）。

また、不法滞在者の苦難に同情する「生粋の」日系人の意見も盛んに取り上げ、最終的にはペルー人コミュニティ全体の連帯感を促進することを狙いとしていた。

私は日系二世のペルー人です。（中略）先日「不法滞在への取締りが一層厳しくなる」という記事をこの新聞で読みました。われわれペルー人は皆兄弟であり（中略）高尚な価値観を持つ国で生まれたはずです。（中略）日本がこのようにわれわれの兄弟を攻撃するのなら、私たちは心を開いて、本来のペルー人の助け合う精神をみせるべきです（『インターナショナル・プレス』スペイン語版　一九九五年一〇月一六日　二面・投稿欄）。

このように、社説や投稿欄を通じて、日本社会で差別を経験する不法滞在者に対する擁護の姿勢を示してきた。事情があって不法滞在している人びとは誠意と勤勉さをもっているが、いつでも警察に検挙されて強制送還されてもおかしくない不安な日々を送っている、という内容を個人のストーリーとして提示した。そしてまた、このようなライフストーリーの掲載を通じて、新聞は「人びとの相互作用の場」として自らを位置づけようとしたのである。

5　犯罪撲滅キャンペーン

スペイン語版『インターナショナル・プレス』の大きな里程標となったのは、一九九九年に実施された犯罪者摘発への協力キャンペーンである。ことの発端は、先述の警察庁データによる外国人犯罪者の検挙数の激増に他ならない。特にペルー人に対するマイナスのイメージを改善する必要性があったとされる。Dさんはこう解釈した。

D：ブラジル人にはサッカーやサンバがあるでしょ。ブラジル人は、犯罪を起こしても他のポジティブな側面でイメージを改善することができるけど、われわれペルー人には何もないんだよ。

同時期の『警察白書』には「大量の不法滞在者の存在は、我が国の治安に対する重大な脅威となっている」という文章が掲載されていた（平成八年度〜一〇年度）。Dさんには、このような不法滞在を治安悪化と同一視する見解に対抗する目的もあったようである。

このキャンペーンは、正式に「市民安全および共生キャンペーン」（Campaña de Seguridad Ciudadana y Convivencia）と名付けられ、主に神奈川エリアにあるペルー人向けビジネス（食品店、レンタルビデオ店など）でスペイン語で書かれたビラを配布するものであった。そのビラには、犯罪と闘うための情報やアドバイスが掲載されており、企業・市民・警察の連携が図られた。同年に群馬県大泉町のブラジル人が似たような運動を行い、それがモデルとなった。ただし、神奈川県の場合は『インターナショナル・プレス』が率先して取り組んだのである。

内容としては、窃盗やドメスティックバイオレンスなどの被害にあった場合の対処方法から、窃盗品の販売・飲酒運転・脅迫などに対するアドバイスに至るまで、広い範囲の情報を簡潔にまとめたものである。くわえて、メディア露出による増幅効果も大きな狙いだったといえるだろう。キャンペーンに関する記事や読者の投稿メッセージは一九九九年八月から少なくとも同年一〇月までに掲載され、協力者や賛同者の意見が大きく取り上げられた。

> うちの近所には窃盗をする人が三、四人いますが、社会的圧力と新聞報道、そしてわれわれの意識の変化のおかげで、犯罪者はいま大人しくしているようです。もう神奈川から出て行ったかもしれません（『インターナショナル・プレス』スペイン語版 一九九九年八月二八日）。

キャンペーン直後の新聞内容をみると、客観的な報道として入国管理局や警察の理不尽な取締りを批判しつつ、同時に「一般犯罪」を厳しく追及するものが多い。つまり、「不法滞在」を「一般犯罪」から切り離し、後者を制止するよう呼びかけたのである。そしてみごと、翌年のペルー人犯罪者の検挙件数が四八％以上激減した。『インターナショナル・プレス』はそれをコミュニティの努力の賜物として賞賛したが、このキャンペーンが実際にどれだけ犯罪率低下に貢献したかを把握するのは困難である。コミュニティからの反響について筆者が編集長に問うたところ、Dさんは次のように述べた。

D：反応は様ざまだった。実際われわれに対する非難の声もあったしね、「警察と腕を組んでいるんだろ？」、など。でも結果的に神奈川県のほとんどのラティーノのビジネスから支援をいただいて、多くの理解を得たと思う。しかし個人的に良かったと思うのは、そのキャンペーンのおかげで誰のことを信用できるのか、誰がコミュニティの統合に関心があるのか、というのがはっきりと分かったことだ。

つまり、犯罪に対する意思表示は単なる倫理的な行為ではなく、アイデンティティ・ポリティクスを実践する契機だったと換言することができるだろう。ライフストーリー・インタビューの語りでは、不法滞在者に対して同情が生じた理由が主に二つ挙げられていた。すなわち、一方では在日ペルー人の序列化を招いた「日系性」の論理の揺らぎ、他方では不法滞在者に対する排除の不公平性の自覚、のことである。その構図のもと、『インターナショナル・プレス』は不法滞在者を周縁化するのか、それとも一般犯罪者を周縁化するのか、という選択肢を読者に迫ることにより、コミュニティの明確な境界線引きを実践したのだ。

6 まとめ——語りの社会的空間

ここまでの一連のストーリーを、桜井による語りの社会的空間の分類（すなわち「経験的語り」「モデル・ストーリー」「マスター・ナラティブ」）に沿ってまとめることにしよう（桜井 2002）。

（1）まずは在日ペルー人の個人の経験的な語りでは、「犯罪」の問題は単独に存在するのではなく、「日系性」にまつわるエスニシティの問題や滞在の合法性の問題と複雑に交錯している。
（2）『インターナショナル・プレス』のようなスペイン語メディアはそれを受け、エスニックな亀裂を批判したり、不法滞在者の誠意や勤勉さを強調したりなどして、ペルー人同士の連帯を訴えるモデル・ストーリーの形成に貢献する。
（3）さらに、南米人ないし外国人全般に向けられた犯罪の疑いが、日本社会に蔓延するマスター・ナラティブとして重い影を落としている。

この流れは一方通行ではもちろんない。『インターナショナル・プレス』などのエスニック・メディアが発信するストーリーは、コミュニテイの構成員の経験にもとづいていると同時に、マスター・ナラティブへの呼応でもある。新聞は情報媒体であるため、信憑性の高さや議題の設定などにより、なにかしらの影響力を持つことは否定できないが、ブルーマーが指摘したように、メディアの影響に対して人びとは反論したり対抗したりし、それぞれ相互依存的に結びついている（Blumer 1969=1991）。「実際、われわれは影響している側なのか、されている側なのかさっぱり分からない」、という編集長Dさんの発言もそれを裏付けているようだ。

ペルー人の犯罪を取り上げる際に、初期の『インターナショナル・プレス』の論調は日本社会に対する批判が多かったが、徐々にペルー人コミュニティ独自で解決するべき事柄として位置づけられるようになった。つまり、ペルー人による犯罪事件の情報は単なる報道として価値があるのではなく、より広範なコミュニティのストーリーに組み込まれることにより、新たなコミュニティの「合意」を模索する言説として時機を得たといえる（Plummer 1995=1998）。

こういったコミュニティの捉え方の変化は、尾形がいう「外国人労働者問題の議論の第三時期」と一致しているのも偶然ではないだろう。この議論は一九九〇年末の不況期に登場し、外国人労働者の増加と凶悪犯罪の増加を短絡的に結びつけるものであった（尾形 2005）。日系人の個人の語りやスペイン語メディアのストーリーは日本社会からのシンボリックな「眼差し」に規定され、その枠組みに基づいて合法性・非合法性の秩序が立てられ、それに即した排除と包摂の論理が成立しているのではないだろうか。そう考えると、犯罪の語りは治安だけを問題とするものではなく、マイノリティとしての立場を問い直す営為でもあるのだ。

【注】

（1）「日系人離職者に対する帰国支援事業の終了について」（http://www.mhlw.go.jp/stf/houdou/2r98520000003rnz.html 二〇一四年三月アクセス）

（2）スペイン語圏では、両親それぞれの苗字を受け継ぐ国が多い。

（3）週1回土曜日発行、タブロイド版。一九九四年に創刊され、二〇一〇年に休刊。

【参考文献】

Blumer, Herbert（1969）*Symbolic Interactionism: Perspective and Method*, Prentice-Hall. = 後藤将之訳（1991）『シンボリック相互作用論――パースペクティブと方法』勁草書房

浜井浩一（2004）「日本の治安悪化神話はいかに作られたか――治安悪化の実態と背景要因（モラル・パニックを超えて）」『犯罪社会学研究』29.

法務省入国管理局 ウェブサイト（http://www.moj.go.jp/nyuukokukanri/kouhou/nyukan_index.html 二〇一四年四月アク

セス）
警察庁（2010）『来日外国人犯罪の検挙状況（平成二一年確定値）』警察庁刑事局組織犯罪対策部 国際捜査管理官（https://www.npa.go.jp/sosikihanzai/kokusaisousa/kokusai/H21_K_RAINICHI.pdf）
国家公安委員会警察庁編（1996-1998）『警察白書（平成八年度～一〇年度）』（http://www.npa.go.jp/hakusyo）
尾形隆彰（2005）「中小企業の外国人労働者――日本人労働者との人間関係」松島静雄監修ほか編『東京に働く人々――労働現場調査二〇年の成果から』法政大学出版局
Plummer, Ken（1995）*Telling Sexual Stories: Power, Change and Social Worlds*, Routlege. ＝桜井厚・好井裕明・小林多寿子訳（1998）『セクシュアル・ストーリーの時代――語りのポリティクス』新曜社
酒井アルベルト（2006）「「デカセギ」の十五年――日系性を生きる道」桜井厚編『戦後世相の経験史』せりか書房
桜井厚（2002）『インタビューの社会学』せりか書房
――（2010）「ライフストーリーの時間と空間」『社会学評論』60（4）：481-99.
ワトキンス、モンセ（1994）『ひかげの日系人――ガイジン記者が見た南米の出稼ぎ労働者』彩流社

第5章

ライフストーリーにおける異文化と異言語

張　嵐

1　はじめに――異文化理解と他者理解

私は、この一〇年近く、「中国残留孤児」という日本社会にとっての特殊な「移民」の三世代に関心を持ち、聞き取り調査と研究を行ってきた。中国残留孤児一世は日本人であるにもかかわらず、戦争のため「旧満州」に残され、何十年間も中国で生きてきた。彼らは中国人養父母のもとで、中国人同様に成人まで育ち、彼らが背負っている文化は日本というより、中国の方がはるかに大きな比重を占める。彼らにとっての母語は中国語であり、受け継いでいる文化、伝統、習慣なども中国人と変わらない。つまり、彼らは中国で長く生活を営み、日本の文化を異文化として体験した人々である。一方、一世である親とともに、成人前に来日した残留孤児二世は、日本語はほとんど不自由しないが、やはりさまざまな悩みや葛藤を抱え、彼らも日本という異文化環境のなかで生きてこなければならなかった。

私はこの調査を始める前まで「中国残留孤児」という言葉さえ知らなかった。しかし、長年にわたり調査と研究を進めるにつれ、彼らへの聞き取り調査についての考え方が少しずつ変わってきた。最初は、中国残留孤児という集団の現状を知るために取材をするような形でインタビューを行っていたが、次第に当事者の「語り」に注目するようになり、さらには当事者と研究者である私との「対話」として理解するようになった。そこで、強く感じたのは、彼らを理解するためには彼らとの「対話」の背景にある彼らと私との文化の異同が大きく関係しているということであった。インタビューの中で、語り手は自らの意思によって、中国語と日本語を選択して使用していた。しかし、語り手の「語り」を理解するために、言語はもちろん大切であるが、もっと重要でしかも困難なのは、その語りの背後にある文化を理解することだとつくづく感じた。そして、このような外国文化や地域文化などの異文化の理解が、語り手と異なる時空間を生きるわれわれ、特にライフストーリー研究者に求められることを改めて実感した。

グローバル化しつつある今日の社会では、国際的な人の移動や幾世代にもわたる移民の定着はもはや珍しいことではない。日本では、国際移民とその社会的影響に関する研究分野の展開は、比較的新しい動きである。その背景には、日本は過去も現在も移民国家ではないという見方が大きな伝統になっていることがある。しかし、グローバルな趨勢としての国際移民に関する多くの論点は、日本の国際移民にもあてはまるものである。日本は受け入れに消極的ではあるが移民国家である（S・カースルズ、M・J・ミラー 2011: i）という視点も示されている。

グローバルな人の移動は一九八〇年代以降これまで以上に活発化し、日本社会もその影響を大きく受けている。一九八〇年代中頃から、アジア圏を主な出身地とする移住労働者を迎え入れ、一九九〇年代に入ると日本から中南米に移住した人々の子孫などの日系人の流入が顕著となった。その後は、海外からの出稼ぎ労働者と位置づけられた人々の定着化や社会的なネットワークなどが注目されるようになってきた。

この現象は、日本だけではなく、新興工業国も含めた多くの大都市が、海外から言語、宗教、文化の異なる人々の流入を経験して、政策的な対応に迫られている。

こうした異文化をもつ人々は往々にして、マイノリティとして社会の周辺に位置づけられ、公式統計では把握できなかったり、大規模調査の中では量的に少ないことによって隠されたり、無視されたりすることが多い。現代のマス・メディアが世界中の異文化を日々われわれに伝えてくれてはいる。しかし、「高度大衆消費社会におけるマスコミという制度は、事実の伝達装置というよりは、イメージ（虚像）の増幅装置にすぎない」（谷 2002: 15）と言われるように、マス・メディアに対して懐疑的な態度をもつことも必要であろう。

「異文化」体験（移民体験を含む）を理解しようとするとき、濃い記述を用いる生活史法が非常に有効かつ重要な手段の一つである。W・I・トーマスとF・ズナニエツキによる『ヨーロッパとアメリカにおけるポーランド農民』は、ヨーロッパとアメリカ大陸との間で交換された五〇組の家族の手紙と一人のポーランド人移民に書かせた自伝等を使用し、生活史法が用いて移民体験を見事に捉え、生活史法を代表する研究の一つと言えよう。

「異文化」をどのように理解し、どのように語るかは、その「対話」の背景にある文化に大きく影響される。実際には、当事者と研究者が双方とも同一文化のなかにいる場合、語りの文化的な要素に気づくことは少ない。そうではなく、二人が異文化に属する場合には、お互いの文化の差異が大きければ大きいほど、文化的な要素は顕著に出てくる。人は、往々にして、自分が属する集団の文化を、よりよいものと思いたい傾向がある。自分が属する集団は、国家であったり、民族集団であったり、宗教集団、また地域共同体であったりする。グローバル化が進行する現代の社会でも、私たちは、他者や他文化を判断する時、いまだに差別や支配のイデオロギーに影響されていることがよくある。

ライフストーリー研究は調査対象者と研究者の相互行為であり、語り手と聞き手の「対話」である。そこには、調査対象者と研究者自身の考え方の背景にある文化的な要素が響く。「対話」としてのインタビューには、語り手にも聞き手にも意識化されていない、あるいは、あえて意識化しないようにしている文化的側面が多くある。本稿ではこうした「異文化体験」を背景とし、「対話」を重視するライフストーリー研究において、調査者としての聞き手とは異なる文化を背景とする語り手の語りをどのように理解すればよいのか、異なる言語の語りをどのように把握し、受け入れ、さらに読者へ発信していけるのか、インタビューの場ではどのような困難に直面するのか、そしてどのように向き合えればよいのか、を検討する。さらに、異文化理解に、ライフストーリーをひとつの有力な道具としてどのように活かせるのか、も改めて考えてみる。

2　異文化体験を聞くこと／書くこと

2-1　インタビューにおける言語と文化

異なる文化、複数の文化へと渡った「経験」、あるいは行き来した（している）「経験」の重要性をどのように把握すれば良いのか。

エルンスト・カッシーラーは『An Essay on Man』（1944）の中で、「人間は文化的動物である」と述べ、言語は異質文化の交流と融合の鍵として存在していると指摘した。言語はある種の媒体として、ある集団、民族、国家の人々の物事に対する考え方、生活様式、道徳規範や価値観、さらに深層文化心理の模式を表している。ある「異文化」を把握し、受け入れ、さらに理解するためには、その異文化を代表する言語をまず正確に理解することが求められるであろう。そこから、その「媒体」としての言語を使い、研究者自身の意思を表現し、研究対象者に意思を伝達できることが「対話」が成立する前提となる。

言うまでもなく、「異文化」体験を持つ調査対象者にインタビューするとき、研究者側の「言語能力」や研究者の「適応力」が試されることとなる。しかし、対話のなりゆきは言語能力の高さだけではなく、社会と文化に関する知識の蓄積に大きく左右される。語りとしての生とは、「ライフストーリーを中核とする言語的表象であって、言語行為としての文化的習慣、聞き手との関係や社会的文脈によって左右される」（桜井 2002: 32）ものである。他者理解、特に、異質な社会文化的世界で育まれた他者の語りの理解を進めるためには、その背後にある異文化に対する理解が不可欠である。言語はただ単なる伝える道具ではない。言語を利用し、異なる文化のコミュニケーションの架け橋になることが大切である。

日本と中国は同じ東アジア文化圏に属し、比較的近い文化的要素を持っている。たとえば、漢字、思想体系、宗教などがお互いに影響しあっている。しかし、日本と中国はそれぞれ異なる地理状況、自然環境、歴史条件と社会的現実にあることも確かである。これらは両国の文化に大きな違いをもたらし、それが言語の表現にも表れている。簡単な例を挙げれば、日本語の「腐っても鯛」という俗語に対応する中国語は「痩死的骆驼比马大」（痩せ死んだ駱駝は馬より大きい）となる。そこには日本の海洋文化と中国の大陸文化の違いが出ていると思われる。

これまでの中国残留孤児に対する聞き取り調査において、私は基本的に一世に対して中国語で聞き取り、二世に対しては本人の意思によって中国語と日本語を併用していた。それから、トランスクリプトし、中国語を日本語に置き換えるという手順を踏んでいた。

そうした中、中国残留孤児と言語や文化背景を共有しているというやりやすさを感じている。中国特有の言葉を特別に説明してもらわなくても理解できるので、インタビューがスムーズに進行できた。たとえば、日本に永住帰国する動機について語る時、ほぼすべての残留孤児が口にしている言葉は「落葉帰根」である。「落葉帰根」とは、「落葉が根元に帰るように、人間が死んだらふるさとに帰る」という意味である。これは、「人間の最後は自分の故郷に帰り、骨を故郷に埋める」といった、中国の古くからの考え方である。現代中国でも、国籍の取得において、血統が判断基準とされている。そのため、中国の文化から多大な影響を受けて育てられた中国残留孤児らは「日本人の血が流れているので、自分は日本人である」と主張している。「中国で、日本人として生きてきた」孤児が、敗戦の混乱や逃避行の修羅場をくぐり抜け、その後の異国での生活のなかで、日常的に受ける差別や疎外に耐え、悲運を背負いながら生きてこられたのは、「いつかは日本へ帰る」、つまり「落葉帰根」を心の支えとしてきたからである。このような中国の伝統・文化に由来する、中国社会のコンテクストに依存した語りが滞りなく理解できた。

さらに一つの例を挙げよう。私が中国残留孤児養父母に聞き取り調査をしていた時のことであった。養父母の残留孤児を引き取った経緯について、「子どもがかわいそうだから。助けないと死んでしまう」という語りが非常に多かった。

残留孤児の養子よりわずかに一三歳年上の母Fは、日本人養子との出会いをいつも「この子は私が助けなければ、死んでしまう」と語っている。

一九四五年四月、Fが一七歳の時、夫と結婚し、同年の八月、終戦を迎えた。日本人養子と出会ったのはその年の一一月のことであった。当時、Fの夫は日本人難民所でどんどん死んでいく人を運ぶ仕事をしていた。病気を患い、死に瀕している四歳の養子をもらいたい家庭はなかった。Fの夫は最初、「新婚で若く、これからは自分の子どもを育てる」という理由で、養子をもらうことに反対していた。しかし、Fは「助けなければ、この子は死んでしまう」と一生懸命夫を説得した。それについてこう語ってくれた。

F：この子のことをほしい人は誰もいなかった。うちに来たとき、頭はシラミで白くなっていた。着ていた黄色いコートの中は、大きな黒いシラミがいっぱいだった。足の爪も手の爪も曲がっているほど長かった。衰弱して死ぬ寸前だった。私が、この子を助けなければ死んでしまうと思い、「この子をもらおう」と夫に相談した。夫は「あなたは自分の子も生まなきゃ」と最初は反対していた。「もらわないと、この子は死んでしまう。戦争は国と国の間のことで、この子とは関係ない」と説得した。こうしてこの子を引き取った。

こうして、Fは一七歳の若さで四歳児の母となった。Fの兄は戦時、日本軍の細菌実験で亡くなった。残虐な日本軍のことを非常に憎んでいた。それでも日本人の子どもを引き取った理由を改めて尋ねてみた。

＊（聞き取り者および筆者、以下同）：当時、お兄さんも日本軍によって殺されましたね。それでも日本人の子どもを引き取ったのはなぜですか。

F：先ほども言いましたが、国家戦争は国家戦争、この子はかわいそう、子どもには何の罪もない、彼は何も分かっていないじゃない。私たちが彼をもらわないと、彼は死ぬしかなかったのよ。

「助けなければ、死んでしまう」「子どもがかわいそう」という語りは、残留孤児の引き取りという非常に重大な行為を説明する際、ほぼすべての養父母が口にしている。その大きな要因は、古来の中国の伝統文化と深く関わっている。中国では古くから、仏教の「救人一命胜造七级浮屠」（一命を救うのが七級の仏塔を作るより良い）という考え方が多くの人々に影響を与えている。仏塔は本来、聖人の身の骨やお経を埋葬する場所であり、造塔の功徳はとても大きいとされている。しかし、亡くなった人の仏塔を建てるより、〝一命を救う〟の功徳がさらに大きく、意義がある。それは、人々に身の危険をも顧みず、臨死する人を救うように励ます意味である。中国では、「一命を救うのが最大の善事」「捨て子の命を救う」「善をおこなう」という慈善心を大事にしている。残留孤児養父母が思わず最初に語ってしまう、「子どもがかわいそうだから、見捨てるわけにはいかない」といった語りは、中国の伝統文化の中で最も典型的な語りでもある。

敵国に残された幼い日本人の子どもたちが生き残ることができたのは人類上の奇跡と言っても過言ではない。日本人が「私なら、そこまでできるのか」と不思議に思ったり、その歴史を経験していない中国人が「なぜ憎い敵国の子どもを救うのか」と理解できなかったりするという話はこれまでよく言われてきた。養父母が敵であった日本人の子どもを引き取る経緯を理解するには、その背後にある中国の伝統文化を理解しないと到底難しいことであろう。

2-2　異言語の通訳と翻訳

前述したように、異文化を聞き取る際、言語は大きく立ちはだかる難問の一つである。しかし、聞き取った後、研究者の前にまた更なる大きな難問が立ちはだかる。それは聞き取った異文化体験をいかにホスト社会の読者にわかってもらえるように発信していくかということである。

異言語にかかわるライフストーリー調査では、語り手である調査対象者にとっての母語で聞き取り、聞き手である研究者がのちにホスト社会の言語に翻訳するという手法がよく使われる。たとえば、中国人である私は残留孤児一世に中国語でインタビューを行った後、それを日本語に翻訳し、日本社会へ発信するというプロセスとなる。このやり方では語り手は自分の意思を滞りなく自由に表現でき、インタビューをスムーズに進めることができる。しかし、そこで問題となるのは、語り手と聞き手の共通理解として共用している文化を外国語に翻訳する際の難しさである。翻訳する際、さまざまな誤差が生じることは避けられない。特に、文化の差異によって生じた誤訳がしばしば見られる。訳者がどのように母語の文化情報を解釈するのかは訳者自身の母語文化環境によって制約される。すなわち、母語文化から与えられた経験によって、他の文化を理解できない、もしくは、間違って理解してしまう「可能性がもたらされること」がある。さらに、違う国家、民族、集団では異なる宗教、信仰、習慣などが存在しており、その結果、違うグループの間では、文化の「真空地帯」、つまり、文化の空白が存在する場合がある。対応している文化がない場合、どのように訳せば良いのかもひとつの難点となる。以下は「小日本鬼子」という中国の特有な言葉を例として見てみよう。

【語り1】「日本人」の烙印を背負い続け、差別やいじめを受けてきた語り

S：他の子はみんな学校に行っている。僕は昼、(農家の仕事を終え)家に帰る途中学校の前を通ると、生徒がみんな校庭で元気で遊んでいるのを見て、ぽろぽろと涙をこぼしたことは少なくなかった。他の子と遊ぶとき、喧嘩になると、いつも「小日本鬼子」、「小日本」と呼ばれるから、外で遊ばないことにした。

Y：我慢できないのは、周りの人の態度と言葉。中国では「小日本鬼子、小日本鬼子」と言われてきた。日本では「中国人、中国人」と言われる。買い物に行けば、「奥さん、何人ですか」と言われます。仕事を探しにいけば、「外国人登録証出して」と言われます。私は、これがつらい、悔しい。中国で生活していたとき、私は「小日本鬼子」と言われるのがつらかったです。なかなか帰国できなかったことで、いまも私は苦しんでいます。中国人でもない、日本人にもなれない。だったら、私はなんなのでしょうか。

【語り2】 忘れられなかった語り

G：小さいころ、自分は日本人であることを知らなかったが、近隣に「小日本鬼子」、「バカヤロウ」と言われたことがある。〝小日本〟と言われると、泣いてしまう。その時、日本人が悪い人だと思っていて、〝小日本〟と言われると、悪い子っていうことじゃない？ それでよく泣いていた。非常に印象に残っていた。その時から自分は日本人の子だとわかっていた。忘れられなかった。

【語り3】 日本人であることを誇りに思う語り

＊：残留孤児であったことは、Gさんにとって良いことだったのか、それとも悪いことだったのですか。

G：良いことだと思うよ。中国人の中で、私は日本人であることを誇りに思っている（笑）。

＊：それはなぜですか。

G：なぜかというと、こんな広い中国の中で、私という日本人がいて、誇りに思うよ。今、みんな私のことを名前で呼ばないの。〝小日本〟とか、〝日本のお姉さん〟とかで呼んでくれるの。そう呼んでくれると非常に嬉しいわ。

「小日本鬼子」という言葉は、日中戦争期に中国で広く使われていた日本軍に対する蔑称であったが、その名残として現在まで流布している。残留孤児が中国で差別・疎外された経験を聞く際、よく「小日本鬼子」や「小日本」と言われたという語りにしばしば出会う。【語り１】、【語り２】は、残留孤児が中国では「おまえは小日本鬼子」だと言われていじめられ、来日したあとは逆に「中国人。中国へ帰れ」と罵られ、中国からも日本からも疎外された、どこにも受け入れられない存在であることを象徴する語りといえよう。

しかし、実は、「小日本鬼子」や「小日本」という言葉には複数の意味合いがあり、違う「場」では違う意味を表している。【語り１】のように中国を侵略してきた憎い存在として言う場合もあり、【語り２】のように国土の広い中国と比べ、狭い日本を言う場合もあり、さらに、昔、身長が小さいとされていた日本人を言う場合もある。つまり、必ずしも憎らしい感情に限らず、程度もさまざまである。これは、【語り３】の現在「小日本」と言われると、逆に嬉しく思う残留孤児がいる一つの理由といえる。

【語り３】のGは今でも中国で暮らしている残留孤児の一人である。日本に帰りたくないわけではなく、中国政府によって「残留孤児」と認定されたが、証拠不十分という理由で日本政府に認定されていなかったためである。Gの生母は一九八二年に一度Gに会いに中国に戻ってきてくれたが、日本に帰国した後、また新しい家庭を築いた母は、Gの存在はこれまでの生活を壊してしまうのではないかと心配して、Gのことを家族に伝えておらず、死ぬまで隠していた。彼女は夢を「生きているうちに、一度自分の目で日本を見てみたい。他には何も要らないが、ただ日本人としての名分がほしい」と語る。

小さいころ、自分は日本人であることを知らなかった時、Gは他の残留孤児と同様に、「〝小日本〟と言われると、泣いてしまう」と言う。しかし、今になって、日本は帰りたくても、帰れない遠い祖国の存在となり、「小日本」という言葉に対する感情や解釈も変わってきた。日本人としての誇りを持ち、周りの人に日本人として見られることで非常に満足感が得られていることがわかる。

以上で説明したように、「小日本鬼子」や「小日本」という言葉は、決して一つの単純な意味ではない。そのため、文脈によって訳しわけなければならないのである。このことについて研究の中、限界を感じていた。言葉をそのまま正確に訳すだけではなく、中国社会のコンテクストの中で語られた言葉をいかに日本社会の文脈に合った言葉に換えるのかがなかなか困難であった。翻訳の過程で彼らが語った言葉のニュアンスを出し切れているのか、誤差は生じていないのか、という不安を常に感じていた。

そして、異言語にかかわるライフストーリー・インタビューで使われるもう一つの方法は、調査対象者が不慣れのホスト社会の言語で聞き取る方法である。これは聞き手と語り手の唯一の共通言語がホスト社会の言語となる場合や、後述のように、語り手が一種の意思表明をする場合などに限られるだろう。いずれにせよ、語り手にとっての異言語で語ってもらうため、「語りきれない」語りが生じたり、語り手の意思が十分に表現できなかったりすることが容易に想像できる。そのため、やむを得ずの場合を除けば、ほとんど使われていない。これを改善した方法として、通訳を通じてインタビューを行うこともある。しかし、そこにはまた大きな問題が潜んでいる。まず、研究対象について高度の専門知識を持つ通訳でなければ、たいてい難しい。そして、何より、聞き取り調査の進行状況は同時通訳の瞬時的な反応に左右されてしまう可能性がある。翻訳より、さらに誤差やニュアンスの違いが生じやすいこととなる。

さらに、調査対象者の母語とホスト社会の言語を併用する手法もある。山本は在韓日本人妻に対する調査を行う際、基本的にその手法を取っているが、「調査時の使用言語は韓国語と日本語の併用である。（中略）私が、それを生活史の記録として文字にし、さらに日本語に置き換えたときに、言葉のニュアンスを出し切れていないという実感は、つねについて回った」（山本 2002: 70）と述べるように、二種類の言語の併用もやはり前の二つと同じような問題に直面する。

しかし、ここであらためて注意をうながしたいのが、必ずしも翻訳や通訳の完成度が高ければ、語りがより良く読者に伝わるとは限らないということだ。異文化体験を含むライフストーリーを記述する際、読み手との関係は重要になってくる。なぜなら、読み手によって、記述が大きく変わる可能性がある。

たとえば、中国残留孤児に関する聞き取り調査の結果を社会へ発信していく際には、対象は日本の読者なのか、それとも中国の読者なのかを配慮しなければならなかった。日本の読者に向ける場合、日本人がなかなか理解できない、「中国残留孤児」が長年生活していた中国の文化背景を詳しく説明しなければならない。そして、日本語と中国語が両方できる二世に対して、翻訳の誤差を防ぐために、インタビューの使用言語をなるべく日本語とした方が良い。一方、中国の読者に向ける場合にはまた違う点を気をつけるべきだ。中国残留孤児の中国語での呼称は「日本遺孤」となる。この名称からもわかるように、中国残留孤児は長年中国で暮らしていたが、中国人にとってはやはり「日本人」である。日本人の東北移民を日本帝国主義の経済侵略の一環として考える人が多い。戦争の「爪あと」として中国に残された残留孤児に対して不理解や偏見もある中、いかに中国の読者が理解できるように、歴史の経緯も含む文化背景を詳しく説明するかが大事であろう。

3　インタビュー場面における自己呈示とカテゴリー化

3―1　インタビューにおける自己呈示――言語の選択から見る

中国残留孤児の三世代に聞き取り調査を始めた当初、日本語を使うべきなのか、それとも中国語を使うべきなのかに迷った。なぜなら、残留孤児一世、二世、三世それぞれにとっての「母語」が異なり、彼らの間に言語の世代差が存在しているからである。また、たとえ同じ世代でも、日本へ帰国する時期によって、日本語能力もかなり違ってくるからである。

日系人を研究した柳田は三世代の日系人の言語使用状況について、「一世から、二世、三世となると、ホスト社会が異なると英語、ポルトガル語、スペイン語とそれぞれ異なってくるし、日本語そのものの保持も難しくなってくる」（柳田 1995: 241）と述べて、さらに「「日本人社会」を日本語を使用する言語共同体とするならば、「日系人社会」は、少なくとも何世代かは、そのメンバーの子孫がこの共同体を離脱しホスト社会の共通言語のみを使用する状況に移行するまでの、すなわち日本語とホスト社会の通用言語の二言語併用を特性とする集団である。（中略）こうして国外に居住する日本人がおかれる言語状況は、居住する国の通用言語と日本語の二国語の習得状況や使用能力あるいは使用の場面に応じて、さまざまな様相を展開するのである」（柳田 1995: 264）と指摘する。

聞き取り調査において、慣れ親しんでいる調査対象者にとっての「母語」を使うのか、それとも移住先であるホスト社会の言語を使うのかは調査の結果に直接影響してくる。その選択は、言うまでもなく、聞き手の言語能力によるところが大きいが、時には、語り手の意図・意思を表している場合がある。

私はこれまでの残留孤児一世へのインタビューは基本的に中国語を使ってきたが、唯一特別にYという一世へのインタビューでは日本語を使用した。それは、彼に「インタビューは日本語で答えたい」という強い意思があったからである。

Yは一九四三年、七歳の時、家族とともに満州に入植した。戦後、家族と死別し、中国人の家庭に引き取られた。四五歳までずっと中国で暮らしていたが、日本へ帰国した後、一から日本語を学び始めた。インタビューで、Yは慣れ親しんでいる中国語ではなく、あえて、日本語を選んだ。その理由にはいくつかの意味合いが含まれていると考えられる。

【語り１】「残留孤児であっても、〝日本人〟に負けていない」

まず、Yのホスト社会（日本社会）への強い意志の表明である。Yは二〇〇二年から二〇〇七年にかけて行われた「中国残留孤児国家賠償請求訴訟」の中心メンバーとして積極的に活動していた。帰国当初、言葉の不自由から、職場でからかわれたり、軽蔑されたりする辛い経験を幾度もした。「残留孤児であっても、〝日本人〟に負けていない」と彼は自学で日本語を習得した。インタビューで日本語を使いたいのも〝日本人〟に負けたくないという強い意志の表明となるのであろう。

Y：みんなに給料が安いと言われたけど、でも、仕事が見つからないから、しようがない、我慢するしかない。そのうちに、来たばかりですから、冬でしょう、気候がちょっと違うですね。風邪を引いてですね、会社に電話することもできないじゃない？　家には電話もないし、電話あっても日本語が喋れないから。一人が風邪引くと、夫婦二人とも休むんですよ。なぜかっていうと、心配だから。そして、会社から来るんですよね。「なぜ！　あんたたち！」、そういう意味ですよ。言っていることが良くわからないけど、大体そういう意味じゃないかと思います。顔もね、怖い顔をして、さんざん言われるんです。それでも、一言も答えできない。ただ言われるだけですよ。ほんとに、悔しかったです、今も考えるとね、同じ人間だけど、でも、うーん……

生活保護を受ける手続きをしたときに、ひどい侮辱を受けました。先生と一緒に生活保護の手続きをしていたところ、先生の知り合いとたまたま会い、先生は私が残留孤児で、生活保護の手続きをしているところだと私のことを説明しました。すると、その人は「だから私から税金がいっぱいとられているんだ」と言いました。怒りがこみあげました。私が生活保護を受けざるを得ないのは、そもそも国が私たち家族を中国に送り込み、中国に置き去りにしたからです。国が私の両親、兄妹を死に追いやったのです。国は両親兄妹の命を償わなければならないのです。それなのに、残された私に与えられたのは、生活を送るためのぎりぎりのお金だけです。これでは償いにならないのです。私は、その見ず知らずの人に対して「私には生活保護なんかじゃ足りないんだ、これは死んでいった両親兄妹の命なんだ」と怒鳴りました。

帰国した当初の残留孤児たちは、日本社会でさまざまな壁にぶつかり、人間としての尊厳をひどく傷つけられることも少なくなかった。Yは今、日本人と変わらないほど流暢な日本語を喋っている。「それは私の努力によるものです」とYは自慢げに語った。Yにはきちんとした日本語教育を受ける機会が与えられなかった。そのため、Yは通勤途中や仕事の合間に日本語の本を読んで勉強をし、家に戻ってもお風呂と食事のとき以外ずっと一人で必死になって日本語の勉強をしたという。

【語り２】「残留孤児だって、頑張ればここまでできるんだ」

インタビューであえて日本語を選んだのは、それはまたＹの他の残留孤児に対して模範・手本を見せようとする意思の表れであるとも思われる。Ｙ自身は私費で永住帰国した。永住帰国した残留孤児の苦労を誰よりもわかっている彼は、中国帰国家族自立互助会を設立した。就職の斡旋、会社の面接時の通訳兼付き添い、来日手続きの身元保証人や帰国手続き、身元判明孤児の肉親探しなどあらゆる面の面倒を見たり、相談を受けたりしていた。帰国して十数年が経っても、日本語がうまく話せず、日本社会に溶け込むことができない残留孤児に対して、「国が助けてくれないので、自分たちで助け合おう」、「残留孤児だって、頑張ればここまでできるんだ」と見せたかったのであろう。

Ｙ：中国帰国家族自立互助会というから、お互いに助け合うということですね。この会は、何人か私と同年代で帰国した人がいるけど、ほとんど私より、帰国が遅かったんですよ。日本に帰ってから、日本語もわからないし、いろんな、日常生活も困るし、たまには病気になるが、病院にも行けないし。そのために、私たちは、先輩みたいに、いろんな生活の面で、面倒を見てあげている。病院のこととかね、それから、子供、二世、三世の帰国の手伝いとか。日本人の子供ですが、やっぱり、政府は残留孤児夫婦しか、最初は受け入れないんですよ、子供はみんな置いてきたんですよ、孫たち。それで、帰ってきたら、子供を呼び寄せたいでしょう。そうすると、簡単ではないですよ。（中略）そのために、私たちはまずこういう会を作ってですね、みんな力を合わせて、できることを分担して、誰がどういうことをやるとか、そのために、この会を作ったんです。

【語り3】「日本人だから、日本語を話せるべきだ」

最後に、日本語でインタビューを受けるのはYの一種のアイデンティティの表明でもある。Yは「(われわれは) 日本人だけど、普通の日本人の生活ができない」と語る。そしてはっきりと「日本人だから、日本語を話せるべきだ」と、裁判という背景の中ではあるが、Yは「日本語が話せる」ことを自分の日本人としてのアイデンティティを再確認している。

Y：日本は、本当は自分の国ですけれども、でも、日本に帰ってきたら、日本の政府は日本人としては扱ってくれない。日本人だけど、普通の日本人の生活ができない、でしょう。今は、年を取って、仕事もできなくなり、それでね、年金がないでしょう。日本人だったら、まじめに働けば、最低でも二〇万円くらいの年金がもらえるんでしょう。私たちは月に二万円ちょっとだけ、もらっている。そして、皆さん、七〇歳でも、八〇歳でも、車を持って運転しているんでしょう。帰国者の中には、本当に日本に帰ってきて、免許を取ったという人は百人に一人くらいいる、百分の一くらいです。千葉県では、二人くらいしかいない。生活は、普通の日本人と較べると、差があるんです、倍以上違うんです。今まで、そういう生活保護を受けて、生活をしているんです。まるで乞食みたいっていうことですよね。まあ、恥ずかしながら、それしか仕方がない、まだ、死にたくないし、(苦笑)……

＊：今から見ると、中国とはどんな存在ですか、Yさんの心の中では。

Y：それは、あくまでも、祖国ですね。みんなが、ある人は、「中国は第二の故郷」と言っていますけど、僕は日本が第二の故郷だと。僕にとってはね。いつまでも、そう思っている。それはそうです、中国のことは死ぬまでは忘れられないのですね。
＊：もし、「日本人ですか、中国人ですか」と聞かれたら、どう答えますか。
Y：うーん、や、それは、ま、両方とも言うんだけど、私は。人によるんですね。あのう、私は、中国にね、九〇年前後、何回も中国に行ったんです。
＊：そうですか。
Y：日中交流、そして、中国の技術開発のために、日本の会社の社長と一緒に行って、中国と契約を結んで、会社を作ろうと、そういうことで何回も行ったんです。それで、ホテルに泊まるでしょう。そうしたら、その時、中国はまだ普通の服装で、日本人と違うんですね。うちはちゃんと背広、ネクタイで行くでしょう。その時、中国ではそういう服を着る人は少なかったです。だから、ホテルに泊まって、そして、トイレに行くでしょう。トイレに一人のおじさんが掃除していた。だから、よく見るんですね。それで、私は中国語で謝ったのです。「私は日本人ですが、中国の国民が私の命を救ってくれました。満州時代、日本は中国の国民にいろいろなひどいことをして、たくさんの中国人を惨殺しました。本当に申し訳ございません。その時、私はまだ幼くて、何も知りませんでした。私は中国国民と同じようにそんなことを恨むのです」と中国語で言いました。むこうはすごく喜んでくれました。もうそんなふうに見られないですね。私はどんなホテルに行っても、先にこう言うのです。確かにそうでしたからね。

裁判という背景の中では、Yは「普通の日本人として生きていきたい」と主張している。一方、筆者とのインタビューのなかでは、Yは「中国は、あくまで、僕の祖国です」と語っている。さらに、中国の清掃員に対して、「僕は日本人ですが、日本人がやったことについて僕も恨みます」と語っている。

Yの主張は一見矛盾しているように見えるが、決してそうではない。自己はシンボルによる構築物であっても、それは自閉的、予定調和的なものではなく、相互行為に開かれており、相互行為において呈示されるとともに、その付与のあり方は、対立的で交渉的な過程の中で初めて考えられる。裁判の中では、Yは自分が日本人であることを強調しなければいけない。一方、中国人留学生である筆者との会話の中では、筆者の気持ちを考慮して、「自分の故郷は中国だ」と強調しているだろう。さらに、日本人会社員として中国に出張した際、日本人として中国人に謝るという行動をしたのだろう。

Yの事例でもわかるように、インタビューにおいて使用する言語の選択は、必ずしも移民である語り手の慣れ親しんでいる言語ではないことがある。あえて、移住先であるホスト社会の言語を使用した場合、それは語り手のある種の強い意志の表明と読み取ることもできよう。

3-2 語り手と聞き手の折り合い

桜井（2003）は「語り手のライフストーリーや語り手の自己概念といえども、もとからそこにあった固定した不変のものではなく、インタビューによって作り出されるものである」と述べる。個人によって語られる物語は、その人自身に帰属するというよりはむしろ、それが語られた相互行為の文脈に依存する。すなわち、ライフストーリーは、聞き手と語り手の共同作業によって構築されたものである。そのため、「語り」を「誰が聞くのか」は重要な要素となる。

それゆえ、コミュニケーション上のあらゆるギャップ、たとえば、世代、人種、国籍、性別等の違いによって語りが異なってくる。聞き手が男性なのか、それとも女性なのか、日本人なのか中国人なのか、年寄りなのか若者なのか、どの大学を出ているのかなど細かい「聞き手」の属性が、新たな「語り」の生成の契機となることがある。さらに、聞き手と語り手との双方向的なコミュニケーションが行われるなか、語り手が自らの語りを意味づけを再確認することが生じうる。

一九八七年に永住帰国した残留孤児Mとの聞き取り調査の時のことであった。最初、帰国の要因について、Mは別に日本に永住帰国するつもりはなかったが、一時帰国する時、流され皆と一緒に帰国の意向を示した結果、日本側が積極的に手続きを進めてくれたと語る。

M：（一時帰国後）中国の北京に戻ったら、日本駐中国大使館で会議を行った。僕ら残留孤児が帰国し定住するつもりはないのかを調べるためだった。当時、五〇人の残留孤児のうち、四〇人以上の人が手を挙げたの。僕はその時、帰国するつもりはなかったけど、みんなと一緒に手を挙げちゃった（笑）。それで、日本側は僕らのために一生懸命手続きをしてくれたわけ。僕はまだ何も知らなかったのよ。その後、日本からの旅費が届いた。
＊：もうすでに手続きが済んでいたんですか。
M：うん、そうみたい。この旅費は実家から北京までの旅費なの。一三〇〇元だったよ。当時の一三〇〇元は大金じゃないですか。やばいことになっているなと思ってね。こんなにいただいちゃって、もう帰らないといけないなと思った（笑）。

しかし、家族について尋ねた際に、意外な話を聞くことができた。当時、Mの息子は彼らより半年前に日本へ留学していたという。それがちょうど筆者と同じ大学であったため、話は面白い展開を見せてくれた。

＊：お子さんも千葉大学卒だと聞きましたが……。
M：ハハ、そうです。彼は中国で大学を卒業してから、留学生としてすぐこっちに来て、修士課程に入った。
＊：息子さんは帰国者としてではなく、私のように留学生として来たんですか。
M：いや、帰国者の子女は、高校生の学歴があれば、優先的に日本に留学する特権があったの。だから、彼は僕らより早めに日本に来た。
＊：なるほど。
M：彼は千葉大学の大学院に入った。彼は来てから、日本が発展していることに非常に感心したようでね、毎日のように僕に手紙を書いていた。「日本は中国と比べると、確かに先進国です。早く来てください、早く来てください」とずっと勧めた。そしてね、「住んでみて、好きじゃなかったら、また戻ればいいし、好きなら、ずっと住んでもいい」と言われてね、それならいいなと思ってね、合わなかったら、すぐに中国に戻るから。だから、僕は日本に来られたのは、息子の勧めと直接の関係があるんだよ（笑）。

Mに直接「なぜ帰国したか」を聞いたとき、ただ「友達の勧めだ」としか答えがなかった、ここでは、息子の強力な勧めはMが日本に帰る際、「直接の関係がある」、一つの大きな要因だったと語られている。これは、筆者が息子さんと同じ大学に所属しており、さらに、同じような年齢で中国で教育を受けた後に日本の大学に入るという体験を持っていることから、息子さんの話を語り始めたと考えられる。それによって、これまで語られなかった新たな語りが現れたのであろう。

しかし、どのように調査者がカテゴリー化されるのかによって語られることが変わってくる、というのは決して異言語と異文化にかかわる調査に限らず、ライフストーリー調査全般にも当てはまることであろう。

4　おわりに

筆者と中国残留孤児は、中国で長く生活を営み、日本へやってきた異文化体験者という立場を共有している。そのため、残留孤児にとっての母国語である中国語を使って、彼らの語りのなかから微妙な心の襞や思いを聞くことができる。インタビューの中でも、よく「われわれみんな中国人だから、本当の話をするけど」、「あんたも中国人だから、よくわかると思うけど」などの言葉にみられるように、語りの感情的な要素は当事者の生活世界の解釈や調査結果と大きくかかわってくると思われる。筆者が中国人だからこそ言える部分があると思われる。そして、中国人の私だから語った語りがある一方、筆者が中国人だからこそ言えない部分もあることは想像に難しくないだろう。

ある中国残留孤児の集団を見学しに行ったときのことであった。「中国残留孤児のことについて研究している中国人留学生です」と筆者が自己紹介したら、ひとりの残留孤児から言葉をかけられた。「私たちの苦労はあまり世間に知られていないので、ぜひぜひ、いい文章を書いて、私たちのことを日本人に教えてください」と非常に積極的かつ協力的な態度を示してくれた。しかし、後日、筆者が国費留学生であるとわかったとたんに、彼女の態度は一変した。中国人私費留学生は中国残留孤児と同じように苦労して、日本で暮らしているのに対して、国費留学生は奨学金をもらい楽に暮らしているので、自分たちの立場と異なると思ったのだろう。その後、筆者のインタビューの申し出を断り続けた。

これは中国人だからというのではなく、「国費」留学生だから拒否された例であるが、たしかに中国人だから何もかも語ってくれるということはないだろう。お互いに中国人であることから中国内部での立場や属性の違いがかかわってきてしまい、インタビューの難易度を上げてしまった例ともいえる。

異文化体験が溢れる今の時代では、あらゆる異なる文化や他者への理解が求められている。これは、われわれライフストーリー研究者にとっても、避けて通れない重要な課題の一つであろう。だがむしろ、語り手の微妙な心の襞や思いを聞くことができるライフストーリーという手法は異文化を理解するために、非常に有力な手段となることであろう。

異文化理解は移民文化への対応に顕著に現れるのだが、実際のところ、決して移民文化に限られるわけではない。同一国家の中でも、異民族、異なる帰属集団、階層集団、職業集団や組織が存在し、それらは異なる言語、思想信条、価値観、信仰、儀式、婚姻形態やコミュニケーションのスタイルなどを持つ。たとえば、広島被爆経験や日中戦争など、平和な日々を過ごす現在の日本人が実感できない戦争経験を持つ人々、被差別部落や同性愛などの特徴・属性のため差別を受けたり、軽蔑されたりする人々、エイズやハンセン病などの病のために周りから疎外される人々……彼らはいわゆる日本社会の〝主流〟の文化とは違う文化を持つ人々であろう。これらの他者に対する理解は移民文化とは少し異なるが、一種の異文化理解となる。本稿では、主に中国残留孤児という日本社会にとっての特殊の移民について議論してきたが、「異文化理解」は、必ずしも外国文化に対するもののみ指すのではなく、異なる社会と文化に対する理解のこと全般を指していることを最後に強調したい。

【参考文献】

Castles, S. & Miller, M. J.（2009）*The Age of Migration*, 4th ed. Palgrave Macmillan. ＝関根政美・関根薫監訳（2011）『国際移民の時代』〔第四版〕名古屋大学出版会
Cassirer, Ernst（1944）*An Essay on Man.* ＝宮城音弥訳（1997）『人間――シンボルを操るもの』岩波文庫
張嵐（2011）『「中国残留孤児」の社会学――日本と中国を生きる三世代のライフストーリー』青弓社
桜井厚（2002）『インタビューの社会学――ライフストーリーの聞き方』せりか書房
谷富夫編著（2002）『ライフ・ヒストリーを学ぶ人のために』世界思想社
山本かほり（2002）「在韓日本人妻の生活史」谷富夫編著『ライフヒストリーを学ぶ人のために』世界思想社、62–88.
柳田利夫編著（1995）『アメリカの日系人――都市・社会・生活』同文舘

第6章　ライフストーリー研究としての語り継ぐこと
――「被爆体験の継承」をめぐって

八木良広

1　語り継ぐ活動に取り組む姿勢の問題

昨今「被爆体験の継承」が盛んに叫ばれ、それを目的としたさまざまな実践が全国各地で行われている。社会的背景には、自らの被爆体験を語ることのできる被爆者が高齢化により年々少なくなっており、近い将来その証言者をはじめとする体験世代がいなくなるという現実がある。この現実に抗うかのように、体験世代は証言活動を行い、その後のそれを受けた非体験世代による「継承」が首尾よく進むことを願っている。ただ、「被爆体験の継承」とはいったい何をすることなのか、そもそも「継承」とは何であるかについてはさほど自明なことではない。ここでは、その「継承」の一つとして行われている、原爆問題や被爆者の人生に関する語り継ぎの実践を取り上げていく。

語り継ぐとはどういうことか。筆者はこれまで東京の被爆者団体の東友会や関連する諸団体、そしてそこに集う被爆者や関係者に調査を実施してきたが、その調査のなかで観察してきたことを中心に、基本的な言葉の整理をしておきたい。語り継ぐことと証言することを比較すると、語り手と聞き手との相互行為の中で特定の内容を伝達するという共通点はあるものの、どちらかというと違いが際立っている。両者の違いは主に二つある。行為主体が体験者であるか否か、語りの内容が一義的に語り手の体験に基づいているか否かである。一つ目の行為主体に関して、証言することは、基本的に体験者が語り非体験者が聞くという関係性のうえに成り立っている。それに対して、語り継ぐことは、証言において聞き手であった非体験者が別の非体験者に対して語るという構図のもと遂行される、と想定されている。

そして後者は、〝語る〟に〝継ぐ〟が付加されていることから、〝語る〟とは異なるスタイルの言語行為である。すでに証言された内容によって語り継ぐストーリーが構成される。これが二つ目の違いである。証言では、語り手である体験者がそれまでの人生の中で体験したことを主軸に語りを構成するのに対して、語り継ぎでは、非体験者である語り手自身の体験はストーリーの主要な要素にはならない。証言の局面で非体験者の聞き手に対して語られた体験者の語りが、次の局面で語り継ぐストーリーを形作るのである。これは派生的に、どのような内容の語り継ぐストーリーがいかにして語られるかという問題を浮かび上がらせる。証言と比べて、語り継ぎでは、基本的にその内容と方法を決める余地が非体験者である語り手に開かれている。体験者の語りを別の非体験者にそのまま伝えるのか、それとも非体験者が体験者の語りに独自の解釈を加えて（あるいはその語りの内容を再構成して）独自の方法で語るのか。語り継ぎ方のさまざまなバリエーションが考えられるが、実際にはまだそれらはそれほど明らかにされていない。

語り継ぐ活動に対しては、実際の実践内容や方法、そして実践の可能性等について、関心の目が向けられてきた。石川良子（2009）は、戦争の非体験者による戦争体験の「継承」の可能性を、沖縄国際大学のキャンパ平和ガイド・サークルの活動から探っている。この平和ガイド・サークルは、二〇〇四年に大学キャンパスに隣接する普天間飛行場所属の米軍のヘリコプターが墜落した事件を契機に誕生したもので、主に沖縄に修学旅行に来る本土の中学生や高校生を対象に、戦跡や米軍基地、関連施設などへの案内を独自の観点から行っている学生団体である。その観点とは、「戦争と日常をつなぐ」というものである。このサークルのメンバーは、「六〇年前の戦争」を単に過去の出来事として伝えようとしているのではない。その戦争をきっかけに今の米軍基地があり、そして事故が起きたという時間的に連続した地点として現在を捉え、その現在を生きる自分たちの日常を出発点にして、日常を脅かす状況としての戦争および平和に関するものへのガイドを行っている。つまり簡潔に言うなれば、いま－ここに在る日常の時間的・空間的な存立構造を十分に認識しながら平和ガイドは実践されている。沖縄戦の体験者や関係者からの聞き取りや現地調査、情報収集などを丹念に行い、それらを踏まえたうえで、戦争を自分たちの観点から語っているのである。

戦争体験の「継承」においては、このように非体験者がそれを実践する際の姿勢や方法については、他の先行研究においても重要なトピックとして指摘されている(1)。しかし筆者が自分のフィールドや関連領域での該当する活動を観察して気づくことは、語り継ぐ活動においては、特定の姿勢を持つことが、いかに難しいかということである。語りつぐ活動を行うためには、その活動の実践者が語り継ぐストーリーを形作るためには明確な姿勢が必要である。ただこの姿勢は、体験者の語りを聞くことで自然に獲得できるものではない。管見する限り、体験者がまさに身を賭して語る戦争体験の語りを前に、語り継ぐ意志をもった聞き手の多くが、自分という存在を問い直すことを迫られ、その問い直しを踏まえていかにして語り継ぐかについて考えることになる。このような自分自身の問い直しの問題に加えて、原爆体験の「継承」活動の文脈においては、その実践者に多大な影響を与える社会的文脈上の問題もあり、特定の姿勢をもつことは容易なことではない。積極的に語り継ぐ活動を実践できている人、つまり自らの姿勢をすでにもつことができている非体験者にとっては、その時点で大した問題とは映っていないかもしれないが、そこまで至っていない非体験者にとっては、戦争や原爆といった大局の前では、個々人は自分の立ち位置を認識しにくいこともあって、枠組みをもつということ自体がむしろ問題となっているように思われる。

本稿では特定の姿勢をもつことの難しさという問題の考察を通じて、語り継ぐ活動とはいかなる実践であるかを明らかにする。この問題をよりわかりやすくするために、語り継ぐ活動をライフストーリー研究における作品化の作業として捉え直していく。その作品化の作業として論じるにあたり参照したいのが二人のオーサー論(小林 2000)である。二人のオーサー論とは、ライフストーリーが作品として呈示されるには二人のオーサーが必要であるというものである。ライフストーリーを語る第一のオーサーがいなくてはならないのは言うまでもないことであるが、読者がライフストーリー作品に触れることができるのは、ライフストーリーを聞き理解するとともに、それを構成し呈示する第二のオーサーが存在するためである。つまり、ライフストーリーは二人のオーサーが主体的にそれぞれの役割を遂行することで作品化されるのである。

語り継ぐ活動は、このライフストーリーの作品化とほぼ同様の過程を経て実践されている。語り継ぐという言語行為が可能となるには、体験者が証言活動で語った語りをもとに非体験者が語り継ぐストーリーを形成するという作業が必要になってくる。体験者は第一のオーサーであり、非体験者が第二のオーサーに該当する。このように捉え直したとき、先の問題はより鮮明になるとともに、語り継ぐ活動において、この問題がいかに重要であるかを認識することができる。そして結論として、語り継ぐ活動それ自体に新たな知見をもたらすとともに、ここで参照しているライフストーリー研究に対しても、一つの見解を示したい。

以降の構成を簡単に説明しておきたい。次の二節では筆者のフィールドにおけるいくつかの出来事から、語り継ぎ活動の社会的状況について見ていく。そして三節では、語り継ぐ活動において重要な解釈枠組みをもつということを二人のオーサー論から捉え直し、その問題をより詳細に論じたうえで、筆者の調査経験に照らし合わせながら考察していく。最後の四節では、本稿のまとめとして、語り継ぐこととはいかなることかを明らかにする。

2　証言活動と語り継ぐ活動の社会的状況

2-1　被爆体験の有無という語り手の条件

東京の被爆者団体東友会は二〇一三年四月に「第三回被爆体験を語り継ぐ学習会」を開催した(2)。これは戦争を知らない世代を対象とした「証言者」の育成を目的とした交流企画である。毎回テーマが定められ、それに伴い参加する層も異なっている(3)。この回の参加者は証言活動を実施した経験のある被爆者と、被爆当時幼児であったために記憶を持っていない比較的若い被爆者および「伝えられる側」としての非被爆者であった。まず講師役の被爆者が証言を行い、次に、証言の内容や証言時に使用する文字・映像資料の有無、工夫などについての意見交換が行われた。

この東友会の学習会は、被爆者ではない非体験者の語り継ぐ活動を奨励するというよりも、これまで人前で証言活動を行ったことのない被爆者と被爆時の記憶がない幼児被爆者が主たる学習の対象者となり、彼／女らが今後「証言者」として活動できるようにするために開かれている。ここから見受けられることは、被爆体験を語ることのできる体験者の確保が急務であるということである。被爆者のなかでも証言活動のできる人はごく少数であり、しかも年々少なくなってきている中で、「原爆犠牲者への追悼の気持ち」や「平和への強い願望」（宇吹 1999）といった思いのもと語ることのできる人びとの存在は必要不可欠である。被爆時経験したことを覚えているが、これまで人前で証言したことのない被爆者に対して、証言活動の指導を行っていくことはこれまでもあった。しかし経験を覚えておらず語ることのできない被爆者を「証言者」にしていこうという試みは比較的新しく、ここからは事態の逼迫さが感じられる。

また、一節で確認したように、語り継ぐ活動の担い手は基本的に非体験者が想定されており、本稿では基本的にこの認識に則って考察を進めていくが、東友会の学習会では、被爆者がその担い手とされている。ここには被爆者団体が理想とする証言者像が表れている。つまり、被爆体験のある「証言者」が求められている。乳児被爆者には戦時から戦後の連続した激動の時期を生き抜いてきた経験があり、比較的若い非体験者とは経験の蓄積という点で明らかな違いがあるけれども、「証言者」になるにあたり、被爆時の体験に関しては、非体験者同様乳児被爆者も学ぶということが必要となってくる。語り継ぐ主体として、他者の経験に基づいてストーリーを構成するという点では両者とも共通している。ただ、そうであっても、被爆者団体としては、非体験者に向けて被爆体験等について語るためには、被爆の体験を持っているということを重要視しているように感じられる。この点についてはまた次項で見ていこう。

2-2　非体験者が抱える問題

前項で取り上げた被爆体験の有無という基準は、筆者にとっても、原爆問題や被爆者の人生に関する調査・研究を行う際の、またそれらに関して言及する時の、前提となってきた。そのようにはっきりと自覚することができたのは、ある会合での経験からである。その会合とは、東京を拠点に活動する団体、「ノーモアヒバクシャ記憶遺産を継承する会」が「被爆体験の継承」を目的としたシンポジウムの準備委員会の顔合わせ場である。[4]そのなかで代表の被爆者が次のような発言をした。「被爆体験の継承」を実現していくために、被爆者は非体験者による語り継ぐ活動を奨励するとともに、非体験者が原爆問題を自由に受けとめ解釈することを求める。二〇一一年に成立したこの団体は、原爆問題に関わる資料やモノを系統的に収集しそのアーカイヴ化を目ざす団体で、被爆者や「継承者」、支援者、この領域の専門家が一同に集い、「継承」の様々な活動を実践していくことも目的としている。この団体は「継承」を目的としていることもあり、管見する限り、非体験者が活動の中心を担っている。先の発言はこのような団体の会合のなかでのことであったため、これに出席していた筆者はこの発言を驚きをもって受けとめた。なぜならば、被爆者でない者が、原爆問題や被爆体験を自由に受けとめ、理解することには抵抗を感じていたためである。

このような抵抗を感じる理由として、フィールド全体に広まる特定の風潮と状況がある。一つ目は、前項の最後で述べたことだがマス・メディアや公共の場面において原爆問題や被爆者の生きざまについて意見を述べるのに値するのは、被爆者（または被爆二世、三世、その家族や親せき）であり、非体験者は被爆者や支援者、専門家は別として、基本的にその発言者として適切ではないとみなされる風潮である。[5]発言の主体が、被爆体験を持っているか否か、被爆者と家族・親族関係にあるか否かが重要視され、被爆体験を持たない、あるいは近親に被爆者がいない人の見解は、排除されるまでいかないまでも、比較的軽く見られがちである。

このような風潮と関係あることとして原爆問題や被爆者の人生に関する「新たな語り」の模索はあまり進んでいない。これが二つ目である。評論家の東琢磨は、沖縄県糸満市にあるひめゆり平和祈年資料館では、元ひめゆり学徒の語り部に代わり、戦後生まれの若者が説明員として来館者に対峙していることを引き合いに出しながら、沖縄と広島では戦争の「記憶や歴史」に対する人びとの態度に違いがあることを指摘している。広島で原爆問題に関して何らかの活動を行うことと、筆者がフィールドとしている東京においてそうすることを無自覚に同一視することはできないが、「新たな語り」の模索が進んでいないという点に関しては、共通して原爆問題やその歴史の「継承」活動への若者世代の積極的な関与がうまくいっていないことが一因としてあると推測する。これは、反対に核兵器のない社会の実現をめざし活動してきた被爆者が、非体験者をうまく自分たちの運動に動員することができていないことを示していると考えられる。

それは、どういうことか。次項で被爆者が取り組んできた活動の歴史的経緯も踏まえて、それについて説明していく。

2-3　被爆者の「基本要求」とその問題

被爆者は戦後、原爆投下の原因を、日本が国家主導で戦争を開始・展開させたことに求めてきた。そして、精神的にも肉体的にもそして日常生活を送る上でも強いられてきたさまざまな苦悩に対して、適切な補償を要求することで、国の戦争責任を追及してきた。要するに、国家補償に基づいた援護政策の実施を求める運動を展開してきたのである。そしてこの考えが明示され、「被爆者運動の〝憲法〟」（日本原水爆被害者団体協議会 2006: 1）と称されている「原爆被害者の基本要求」には、この要求が単に被爆者のためだけではなく、非体験者を含む日本国民にとっても有意味なものであることが、はっきりと記されている。国が、国家補償に基づいた援護政策を実施することは、「同じ被害を起こさせないための第一歩」であり、そうすることで「核戦争被害を「受忍」させない制度を築き、国民の「核戦争を拒否する権利」を打ち立てることになる。つまり「ふたたび被爆者をつくらない」ために、現在を生きる国民が被爆者の要求に賛同し、「核兵器を拒否する権利」を手にすることが必要である、というのである。

基本要求はこのように、原爆被害とその対処を、過去の問題としてのみ見るのではなく、近い将来核戦争が起こった場合に「同じ被害」を受けるかもしれないという可能性を視野に入れた、現在と未来にも関わる問題として捉えている。ただ、一般の国民のなかで、被爆者や関係者ほど、この点を認識している者はどれほどいるのだろうか。基本要求が日本被団協によって発表された一九八四年当時は、この内容の普及活動が行われていたこともあり、それ相当にいたと考えられる。その一〇年後の一九九四年に「原子爆弾被爆者に対する援護に関する法律」が制定され、そこに至るまでには、被爆者や支援者により断続的に遂行された国会請願の活動だけでなく、国民を巻き込んだ国民運動、そして法の制定をめぐる与野党の議員間の激しい攻防などがあった。

その後の約二〇年の間に、国民のなかに賛同者が増えたかどうかを推し量ることのできる根拠は見当たらないが、管見する限り、二〇〇〇年代から現在にかけて、被爆者が、基本要求を前面に押し出すのではなく、集団で裁判闘争するという[6]、これまでとは異なる戦略で運動を展開してきたことから、支援者層にも何らかの変化があったと考えられる。被爆者や関係者のあいだで、九四年の援護法制定以後の運動に関して統一の見解が得られておらず、なかには司法の場で訴えることに異論を唱えている人もいる。また基本要求に示されているような、基本的かつ被爆者全体に関わる要求を、その後もなぜ一丸となって求めなかったのかと疑問を呈する者もいる。今後の課題として、被爆者運動の歴史の中でのこの裁判闘争の意味を探る必要があり、このような異論や疑義はその際の重要な参考資料の一部にすぎない。ただ、ここでは、これら反対の見解に注目すると、このように述べる方々は、一つに、90年代後半以降、多くの非体験者を、基本要求の考えに則った運動の賛同者にする機会を作り損ねてきたという認識を前提としている。基本要求が十分に国民に理解され、受容されていないという状況は、社会的現実の一部であるかもしれないが、原爆問題に若者世代が主体的に関わることを難しくする一つの要因にはなっていると推測できる。

2-4 証言活動のスタイル

前項で見てきた「新たな語り」の模索が進んでいないという状況は、「継承」活動に若者世代が積極的に関与できていないことが一因としてあるのではと記したが、その状況は、実際に語り継ぐ活動が筆者のフィールドではそれほど多くは実践されていないということからも裏付けられる。先述したように、ライフストーリー研究において、第一のオーサーである語り手がいることによってはじめて、語りは存在するが、第二のオーサーである聞き手兼研究者がいなければ、読者がその語りに触れることはできない。つまり二人のオーサーがともに主体的にライフストーリーの構成に関わることが何より重要なのである。語り継ぐ活動でも、当然のことながら、被爆者だけでなく、非体験者の主体的な関与が必要である。

語り継ぐストーリーは、上述したように、ライフストーリーの作品化とほぼ同様の構成過程を経て形成されるが、証言活動のストーリーもそれとは異なる形ではあるが類似した編集が施されている。語り手は、その時々の証言の場の状況に応じて自ら被爆体験や戦後の経験から出来事や現象を取捨選択をして、ストーリーを構成していく。そのストーリーはたいてい時系列的に構成されるとともに、特定の権力関係のなかで語られる。戦後広島の被爆者の証言活動の分析を行った米山リサは、証言の内容と被爆者のポジショナリティの関係性について指摘している。証言は、自己物語の形態をとるため、自らを証言の主体にするとともに証言の客体にする行為である。被爆者の証言は常に何らかの権力関係の中で遂行され、「法的・医学的制度、第二次世界大戦後のナショナルな語り、社会運動をはじめとする（反核キャンペーンのような）対抗的政治運動などの強力な言説的配置のなかに絡めとられてきた」（米山リサ 1999 = 2005: 148）のである。

また根本（2010）は広島における被爆者の証言活動の歴史的変遷について複数の活動団体への綿密な調査を通じて記述している。広島の被爆者の思想と行動に着目した結果、証言活動のスタイルとしては「体験をそのまま語るべきである」という立場と「体験をそのまま語るだけでは十分ではない」という立場が確認できる。つまり、非体験者の聞き手に対してどのように語るべきかが語り手にとって問題となり、それに対して個々の被爆者は何らかの「答え」を自ら導き出してきた（根本 2010: 83）。また彼は一人の被爆者の言動を代表的な事例として取り上げながら、沖縄戦や日本のアジア近隣諸国への植民地支配と侵略の問題、日本の公害や差別の問題などの学習や証言活動における聞き手とのやりとり、そしてそれらを介しての自己内対話を通じて、証言活動のスタイルを変容させていっていることを明らかにしている（根本 2010: 79–83）。

証言活動における上記の二つの立場は、根本も指摘するように、優劣をつけることのできないものである。筆者がインタビューを行った東京在住の被爆者のほとんどが、証言をする際に非体験者の若者にどのように語るべきか常に悩むということを吐露していた。本節一項で見てきたことだが、語り継ぐストーリーに関する学習会を行うのは、新たに語り継ぐ活動を実践しようとしている人にとって、何をいかにして語っていくかが問題であるからである。これまで証言活動を行ってきた被爆者と比べて、活動の初期の段階で学習体制が整っている点は大きく異なるが、非体験者の聞き手に対面して語るという構図は同じであるため、これまでと同様に活動のスタイルの模索が予想される。

3　語り継ぐ活動における二つの文脈化とその問題

ライフストーリーの作品化の作業において重要なのは、語り手である他者のストーリーを解釈するということである。小林によると、ストーリーの解釈は二つの文脈において行われる（小林 2000）。一つ目が語り手が生きてきた社会的世界という文脈であり、聞き手はそれを把握することによって語り手の経験にまつわる語りの内容を理解することができる。二つ目は、語りを作品の中に盛り込むための文脈である。語り手の語りをライフストーリー作品として編集するのは、読者がその作品を読むことができるようにするためである。聞き手であり研究者である〈わたし〉は、想定している読者に向けて文章の構成を考え、そのなかに語りを組み込んでいく。読者はつまり〈わたし〉の解釈枠組みにより編成された文脈に沿って、語り手のストーリーを読み理解していくのである。

語り継ぐ活動においても、上記のように文脈が必要である。まず、被爆者の語りを理解するには、その被爆者が生きてきた社会的世界を理解する。聞き手と語り手の年齢が大きく離れている場合には、同時代的な経験や感覚に依拠した理解が難しいため、歴史的事実も含め語り手が生きてきた社会的な文脈を把握しなければならない。そして、語り継ぐことは、特定の被爆者の語り方をただ単に模倣したり、複数の既知の語りを羅列して提示したりすることではないだろう。聞き手である非体験者に向けて、語り手である〈わたし〉の解釈枠組みに基づいて、ストーリーをある程度秩序化することが求められる。それはつまり、語り継ぐ実践をする前に、被爆者の語りやその語りの背景となる文脈を〈わたし〉が解釈する必要がある、ということである。語り継ぐ活動においてはこのように被爆者が生きてきた社会的世界の理解と〈わたし〉の解釈枠組みの提示は連続した営みである、といいうる。

一節で述べたように、とりわけ筆者のフィールドでは、語り継ぐ活動を遂行しようとする非体験者が自らの姿勢をもつことが難しくなっている状況がある。これを前段落の二つの文脈化という点から捉え直すと、非体験者が語り継ぐストーリーを構成するのに必要な自らの解釈枠組みをもつことができていない、ということである。この原因は一つに、被爆者の語りの理解に必要な文脈の把握に問題があると考えられる。それはどういうことだろうか。本節ではそれについて筆者の調査経験を、語り継ぐ活動の一環として捉え、見ていきたい(7)。

3-1　証言の構図

筆者はこれまで東京在住の被爆者の戦後史を明らかにするために、東友会とつながりのある被爆者を中心にライフストーリー・インタビューを実施してきた。調査協力者は自分の被爆時の体験を語ることのできる被爆者であり、証言の経験がある人たちであった。実際には東友会の事務局員から紹介を受けた方や筆者が直接依頼した方、その他知人を介して出会った方等であり、そのなかからインタビューの趣旨を説明し許諾を得ることのできた方に対して調査を実施した。

これまでインタビューを実施したすべての被爆者との出会いは記憶に残っているが、そのなかでもとりわけ印象深かったのが、小杉富男さん（仮名）である。彼へのインタビューは自宅で行った。軽く挨拶をすませ改めて調査の趣旨を説明したとき、小杉さんから被爆体験を「継承」する意思はあるのかと問われた。筆者は一瞬間を置いて「はい」と答えた。その意思はあると自覚していたからであるが、尋ねられてすぐさま返事をしなかったのは、何をすることが「継承」になるのか、はっきりとした考えを持ち合わせていなかったためであり、その状態ですぐに返答するのは、誠実ではないと感じたためである。このような問いかけを受け、筆者は改めて「継承」することとはいかなることか、調査の成果を公表することと「継承」することはどのようにつながるのかを、インタビュー開始直後に考え始めることになったため、小杉さんへの調査はいつも以上に緊張感を伴ったやりとりであった。

この事例からは、被爆者が何のために被爆体験を語っているのかを再確認できる。筆者は被爆体験とともに戦後の生活全般について尋ねることを目的とした調査を実施しようとしていたのに対して、小杉さんの想定では被爆者として語ることは「継承」に向けた実践であり、調査という目的のもとであってもそれは変わらなかった。他の被爆者からも同じように問いかけられたり、「継承」を求める発言を投げかけられたりすることはあったが、彼とのやりとりは、一対一の直接対面した中でのことであったため、忘れられない出会いとなった。

小杉さんの場合は、このように調査開始直後の問いかけはあったが、その後通常のインタビューを実施することができたのに対して、浅井信子さん（仮名）は、出会ってすぐに証言を始めた。小杉さんの時と同様に調査の趣旨を説明したのち、彼女は被爆時の体験を中心にいわば一人語りをはじめ、筆者はその間うなずいたり感嘆の声を出したりする程度であった。一通り浅井さんが語り終えてから、それまでの語りを受け質疑応答を行ったが、彼女の被爆時およびその後の体験に関するさらに細かい内容を求めて質問を行ったため、語りのサイズが大きい返答が多かった。また彼女からは、別れ際に後世に語り継いでいってほしいと伝えられた。

証言は基本的に語り手の被爆者が語り、聞き手の非体験者は聞くという構図のもと進められる。その語り手と聞き手の立場が一般的な会話やインタビューのように入れ替わることはほとんどない。被爆者は、個々人の違いはもちろんあるだろうが、大抵このようなスタイルで証言を行う。小杉さんの場合は、事前に入手していた被爆体験とその後の生活について書かれた手記に基づいてインタビューを行っていたため、一般的な証言のようには進行しなかった。しかし、彼も浅井さんも述べていたことだが、通常は多くの聞き手を前に被爆者が一方的に語ることになる。二人とも東友会のなかでは運動の中心的メンバーであり、また証言者として学校や諸団体の平和集会などに呼ばれることが多い。そのため被爆者として語ることにはある程度慣れている。浅井さんがそうであったように、ある程度証言の経験のある被爆者は、その時の場の状況に応じて語ることができるため非体験者は開始のその瞬間から聞き手の位置に置かれることになる。証言には、このような基本的なかたちがあるのである。

3-2　被爆者の語りの理解に見られる問題性

聞き手は被爆者の証言をどのように受け止めるのであろうか。被爆体験とそれを語る動機や思いをつなげて聞いたり、証言のなかで語られるさまざまな体験のエピソードを聞き手自身の経験に引き付けたり、またその時々の心情を自分の感性でもって受けとめたりして、理解を示そうとするかもしれない。筆者は、これまでの調査の中で、語り手の観点に徹底的に沿いながら被爆体験や戦後の生活史を理解しようと思い、試みてきた。その中で、理解することを踏みとどまらせる経験があった。先の浅井さんからインタビューの最中に「わからないでしょう、あなた方には」と告げられたのである。

この時の状況について少し説明しよう。浅井さんにとって証言は「ざんげ」することである。広島で原爆が投下された直後、避難場所に定めていた川原に逃げる最中は、多くの人から助けを求められたにもかかわらず、彼女から手を差し伸べなかったことを悔やみ、反省の意味を込めて語っているのである。繰り返し同じように語ってきたものの、ある時「ざんげ」になっていないのではないかと痛感させられる出来事があった。あの日助けなかった人びとが、彼女の手や足を縛りつけ彼女の周りを取り巻いている「夢」を見たというのである。その「夢」をめぐり浅井さんの説明は二転三転へと揺らぎ、それに対して筆者が「そうですか」とあいづちを打ち、理解を示そうとしたところで、上記の発言を投げかけられた。さらなる質問を重ねるも、この時はただ傾聴するしかなかった。

浅井さんの「わからないでしょう」という発言は、その時話題にあがっていた「夢」の内容に対して向けられているとみなすこともできたかもしれないが、筆者は証言として語られた他のストーリーも含め、彼女の人生経験全体について理解することができていたのか、わからなくなってしまった。つまり、彼女の発言から、筆者はストーリーを聞くことができたと思っていても、実際に語られたあらゆる経験を理解することは到底不可能である、と突きつけられているように感じたのである。またこのような発言は、被爆体験は被爆した者にしか理解することはできないという「特権意識」の表れとして、研究者などに認識されてきた。筆者はインタビューの段階ですでにそれを知っていたため、そのようなよくある発言の一つとして受け流すことも可能であったかもしれない。しかし、浅井さんの意味世界を可能な限り把握したいという姿勢でいたため、その発言を無視することはできなかった。結果、特定の語りの内容だけでなく、彼女の社会的世界を理解することを中断せざるを得なかった。

被爆者が語るストーリーのなかでも、とりわけ被爆体験は、聞き手のほとんどにとって体験したことのないものである。また一般的に若者が聞き手となることが多く、その場合語り手の被爆者とは世代差があるため、両者がそれまで生きてきた歴史的・社会的世界も大部分重複しない。ライフストーリー研究では、聞き手は、語り手の経験を自らの主観的な人生経験とどれほど整合性があるかという点から、理解しようと試みる。(8) そして語り手との差異がより際立つ場合は、歴史的事実も含め丹念に個々人の社会的世界に関して知るということが求められる。浅井さんとのやりとりでは、彼女が多分に語ってくれることに甘んじて、さらに知りたい、理解したいという筆者の姿勢が裏目に出てしまった感がある。原爆の体験者である彼女との間に超えがたい溝を感じつつも、言葉を重ねて丁寧に聞き出していけば、彼女の過去の経験を了解することは必ずや可能だと傲慢にも思っていた、といっても過言ではない。浅井さんの心身の状況にあまり配慮していなかったこともあるため、彼女からの「わからないでしょう」という発言は、筆者のそのような姿勢に対する否定でもあったと推測できる。

3-3　被爆者理解に影響を与える社会的装置

それでは、筆者の経験を踏まえ、被爆者本人や彼／女らの語りに対して十分に配慮して向き合おうとすれば、被爆者の社会的世界の理解は難なく可能となるのだろうか。事態はそれほど単純ではないと考える。原爆問題や被爆者の人生に関して理解を示そうとする際に、人びとは何の影響も受けずに自由に対象を認識できるわけではない。人びとの思考をある方向へと水路づけようとする、強力な社会的装置が存在する。「啓発の回路」と名付けられたその社会的装置は、この日本社会を生きる多くの人びとに影響を与えようるものである。その回路によって、私たちは原爆問題や被爆者の人生及び関連する諸現象を「適切」に認識することができる。つまり、「年に一度、八月が来れば「ヒロシマ」を思い出し、一般的な平和を願う重要な手がかりの一つとして、普段は考える必要のない「問題」の一つとして、私たちが非日常の「思考」「問題」の棚へしまっておける」（好井 2004: 98）ような意味での「適切さ」である。啓発の回路は、その都度私たちの日常を脅かさない程度の過激さをもちつつも、限定的に私たちを「ヒロシマ」へと誘うのである。

この回路は、特にこの領域に関してまったく知識を持ち合わせていない人や初学者にとっては有益である。彼／女らに一定の知識を提供し理解の仕方を示してくれるからである。しかし、啓発の回路にのっとった理解は、時機を過ぎれば「社会問題の一つとして整理され、私たちの記憶の棚にしまいこまれてしまう」（好井 2006）。原爆の問題に触れてからしばらくの間は、内容の深刻さから悲嘆にくれたり、怒りから興奮したり、また様々に思考を巡らしたりするかもしれない。ただ、喉もと過ぎれば熱さを忘れるというように、「ヒロシマ」を忘れ去ってしまう傾向がある。つまり、この回路に思考を委ねることは、外在的に与えられる情報にただ依存するということであり、結果的に原爆問題や被爆者の人生について思考停止の状態に陥ってしまう。

たとえば、被爆者は証言のなかで、自らの被爆体験と核廃絶、平和への強い思いをつなげて語る。この両者のつながりに関して大抵の人は違和感を抱くことなく、半ば当然のことであるかのように受け取る。ただそのつながりは本当に自明なことなのだろうか。被爆者であれば誰しもが核廃絶と平和を願うと了解するならば、そこには、なぜいかにしてそれらを願うようになったのか、また彼／女のいう核廃絶と平和とはどのようなものかという問いが入り込む余地はない。また被爆者は、原爆の「被害者である」という一面が強調されて理解されることが多い。しかしこの理解は、結局被爆者を「無力化」し、「交渉」のできない存在へと囲い込むことにつながる（Holstein & Miller 1990）。その一面が重要であるのは確かだが、それに固執することは外在的に創造される被爆者イメージに依って、被爆者を理解しようとすることになる。これは被爆者が生きてきた社会的世界を理解しようとすることではない。

啓発の回路は、原爆問題や被爆者の生きざまを捉えようとする際の思考の流れであり、私たちはこの社会的装置の影響下にある。もちろん私たちすべてがこの思考回路をわがものとし、「ヒロシマ」を理解しているわけではない。ただ、異なる思考様式を持った人の間でも、この回路の存在は認められ問題視されていることから[9]、啓発の回路は無視できない問題としてある。そして、管見する限り、この装置からの影響を意識化することは容易なことではなく、いつのまにか内面化してしまっているのが通例ではないかと思う。この状況についてはどのように考えていくことができるだろうか。次項ではそれについて見ていきたい。

3-4　理解の限界を認識すること

私たちは啓発の回路の影響下にあると記したが、筆者にとってもこの回路は問題であった。本節二項で見てきたように、筆者は浅井さんから「わからないでしょう、あなた方には」という言葉を突きつけられ、しばらくの間、彼女の人生経験を理解することとそれ自体が問題なのではないかと感じていた。結果的に、被爆者の語りをもとに戦後史を理解しようという研究それ自体を一時中断することにもなった。しかしその後調査経験を振り返るなかで、筆者のインタビューの際の構えがどのようなものであったのかを徐々に認識することができるようになり、別様の考えを抱くようになった。

筆者は、ある時期まで被爆者を被爆したという一面で捉えていたところがある。もちろん被爆者であるという捉え方が有害であると言っているのではなく、その一面を強調していたということである。公害問題や差別問題、ほか様々な問題経験を抱えた当事者を対象としたライフストーリー研究の場合、対象者が受けた被害や、抱える問題という一面ばかりに目がいってしまうことはよくある。対象者の多面性を認めつつも、調査者はその一面に焦点を当てることで、その意図がなくとも、その一面に固執してしまうところがある。とりわけ原爆問題という歴史的事実を研究テーマとする場合は、その傾向が強い。戦後日本の社会のなかで、アジア太平洋戦争が話題にのぼった時には、原爆投下という事実は必ずと言っていいほど取りあげられ、被爆の惨状が繰り返し伝えられてきた。原爆投下は先の戦争における日本の敗戦という歴史的事実と密接に結びつけられて語られ、日本は被爆国であるという言説と戦争の被害国であるという言説は補強し合ってきたところがある。そのため、被爆者を対象とする場合には、戦争の被害者という言説に裏支えされるようなかたちで、被爆者は被害者という一面的な捉え方に陥る傾向が見受けられる。

またこの一面的な被爆者認識は、聞き手の前で証言をしている被爆者の現在の状況に十分に意識を向けることができていないということでもある。筆者は結果的に、浅井さんの被爆者としての経験や「ざんげ」として語る証言活動など、彼女の過去の経験にはとりわけ関心を持ってはいたが、目の前で証言をする彼女の現在の状況には、目を向けられていなかった、ということである。つまり証言のなかで語られる客体としての浅井さんについては理解しようとしていたが、証言を語る主体としての彼女は視野に入っていなかった。その証拠に浅井さんが「わからないでしょう、あなた方には」と発言をしたときに、筆者はその発言をしたそのときの彼女の状況はどうであったのか、ということは考えようともしていなかった。

主体としての彼女に目を向けると次のように考えられる。彼女は筆者に対してあの日をめぐる自分の精神状態や認識を「わからないでしょう」と言っているが、浅井さん自身もどうしてあのような精神状態に陥るのか、またなぜ被爆直後の人びとが「夢」に出てくるのかについてわかっていなかったのではないか。被爆時の自分の振る舞いを反省し悔いるために「ざんげ」と称して証言を行ってきたが、実際にざんげになりえているのか、その手ごたえはどのように得ることができるのかなど、彼女には説明のつかない出来事が多々あった。彼女の説明が二転三転していたのは、自分の状況を少しでも把握しようと、理解しがたい出来事に様々な言葉を当てていたためではないか。このように改めて解釈を施すことで、浅井さんが当時抱えていた苦悩は非常に深かったということがよりわかってくる。

このように、それまでの認識を新たにし、対象者の経験とその背景となっている社会的世界の理解を深めようとすることは、重要なことである。そして、この新たな解釈に確からしさを与えるためには、それを対象者に投げかけて反応を伺うというやりとりを交わすことが、必要となってくる。対象者とのやり取りを通して、その解釈が確かなものになる場合もあれば、修正や変更が加えられる場合もある。またそれまで対象者自身が気づかなかった点を、気づかせるということもあり、それによってお互いに理解が深まることもある。

筆者もこれまで、解釈の変更により被爆者に応答を求めるということは行ってきたが、これが実現可能なのは、生存者のみである。少し前に被爆体験の証言を聞いた被爆者が亡くなるということは、よくあることだ。残念ながら、ここで見てきた浅井さんは既に亡くなっている。彼女の死後に、筆者の解釈は変更されたため、それを彼女に投げかけることができず、上記の解釈は筆者のなかでの現時点での見解として留まっている。

このことからわかるのは、理解をするということは、常に特定の枠組みのなかで行われることであり、限界があるということである。つまり被爆者が語ったことを理解するとは、聞き手が語りの一部を自らの意味世界のなかに所有することであり、自ずと聞き手が所有できない語りの部分も出てくる。[10] もちろん、対象者が生存している場合は、その理解の内容が適切かどうか、反応を伺うことは可能であるが、それは常に実現できるわけではない。対象を理解することができた、「わかった」という瞬間には、その対象に関してどの部分が理解できていないかを認識することは難しく、その把握は事後的なものだが、この理解の限界を認識することは非常に重要である。なぜならば、それを認識することは、自分の意味世界を自覚することであり、現在の自分の立ち位置を把握することにつながるからである。

3-5 理解の完了から〈わたし〉の解釈枠組みの構築へ

以上、本節を通して述べてきたことをまとめよう。本節では、語り継ぐ活動において非体験者が抱える問題、その中でも被爆者の語りを理解するために必要な社会的世界の把握の難しさを、筆者の調査経験を参照しながら見てきた。ここで結論を述べると、被爆者が生きてきた、そして現在生きている社会的世界を理解するためには、逆説的に理解できないことがあるということを認識することが重要である。語り継ぐ活動の実践者が被爆者の語りを聞くときや理解するときに、筆者と同じような経験をするとはもちろん限らないが、啓発の回路からの影響は多くの人びとに該当することであり、また語り継ぐ意思を強く保持している者は類似した状況に陥ると考えられる。とりわけ語り継ぐことを自らの使命であると思っている者は、語り手に同化するかのような構えで語りの理解に取り組みがちであるが、理解できないことは必ずやあり、それを認めることが必要になってくる。浅井さんの現在の状況に対して示した解釈に見られるように、被爆者自身も言語化できない経験があり、また言語化していない経験もある。被爆者が生きてきた社会的世界すべてを理解することはできないと認識することは、このように被爆者には言葉として表現できないことがあることをはっきりと意識することにもなるのである。

そして語り継ぐストーリーを構成するのに必要な、非体験者の自らの立ち位置の把握はこの理解の限界の認識によって可能になると思われる。被爆者の語りの理解や彼／女らが生きてきた社会的世界を理解しようとする行為は、歴史的事実の把握も含めて際限がなく、それを試みている間はさまざまな解釈をめぐって思考は常に動いている状態になる。それらの限界を認識するには、思考を一旦どこかの地点で止める必要があり、それによって一つの定まった解釈も可能となると考えられる。つまり被爆者の語りに関して何が理解できて何については理解できないのかはっきりさせる、理解を暫定的に完了させることによって、語り継ぐストーリーを構成するのに必要な〈わたし〉の解釈枠組みに意識を傾けることできるのではないだろうか。

4　語り継ぐとはいかなることか

本稿は語り継ぐ活動とはいかなるものであるかを明らかにするために、原爆問題のフィールドにおける活動を対象としながら、活動の担い手である非体験者が抱える問題に焦点を当て考察してきた。これまで記してきたことを整理しよう。第二節では、フィールドの事例を取り上げながら、語り継ぐ活動をめぐる状況について見てきた。その事例からわかることは、原爆問題や被爆者の人生を公的な場面で語ることのできる人びとのなかには、序列のようなものがあり、語るのにふさわしいかどうかは、被爆体験を持っているか否か、あるいは被爆者の家族や親族または支援者などかどうかで決まるということ、そして語り継ぐ活動がそれほど盛んには行われていないということである。後者に関して、その背景には被爆者が非体験者をうまく運動に動員できていない状況があり、それが原爆問題への非体験者の積極的な関与を妨げているのではないかと指摘した。またこの節では、証言活動がいかなるスタイルで展開されてきたのかについても確認した。

そして第三節では、ライフストーリー研究における二人のオーサー論を援用することで、語り継ぐ活動を実践する非体験者の問題の所在をより鮮明にし、その問題を筆者の調査経験に重ね合わせながら考察してきた。その問題とは、語り継ぐ活動を行うのに必要な、被爆者の語りの理解およびその際に行う社会的世界の把握が、啓発の回路からの影響によりそれほど容易には進まないということである。結論として導きだせることは、被爆者の語り・文脈の把握を可能にするには、理解の限界を認識することが必要であり、それによって、語り継ぐ実践全体を構成する〈わたし〉の解釈枠組みの構築も可能になるのではないかということである。

これまでのことを踏まえると、語り継ぐとは、非体験者の語り手が、非体験者である見知らぬ他者との間で、被爆者という他者をめぐるストーリーの共有を目的とした言語行為であるということができる。つまり語り継ぐとは、聞き手の立場からすると、単なる他者理解の問題ではなく、（語り手である）他者の構築した意味世界を通して伝えられた（被爆者という）他者を理解しようとする実践である、ということだ。聞き手にとっては被爆者という他者に触れるには、必ずや語り手の意味世界に依拠しなければならない。語り手は、聞き手に伝えるという実践を行う以上、必ずや自らの意味世界に被爆者の経験を所有する必要がある。そのため、語り手は少なからず、他者の経験を所有することは可能なのか、いかにして意味世界を構築すればよいのか、など自問自答することになる。語りを「継ぐ」ことが一筋縄ではいかないことが、ここには表れている。いかにその意味世界を構築することが重要であり難しいものであるか、改めて確認することができるだろう。

最後に一点記しておきたい。本稿では、語り継ぐ活動をめぐる問題を明らかにするために、ライフストーリー研究を援用した。当然のことながら、ここまで考察してきたことは、ライフストーリー研究にも該当する。ライフストーリー研究は、対象者の語りを通してその人の個性を明らかにしようとする方法であるが、調査者は対象者と向き合うことで、根本的には理解の及ばない絶対的な他者性をもった他者と対峙する。ライフストーリー作品を作る際そのような他者の語りを、一定の解釈枠組みに依って構成するということは、どうしても調査者が理解したことだけが、その内容として、盛り込まれることになる。ただ調査者がその対象者の個性を読者に伝えたいと強く願っているのであれば、明示するにしろしないにしろ、理解できていないことも、何らかの形で構成に盛り込むことが必要ではないだろうか。ライフストーリー研究においては、調査者が対象者の絶対的な他者性に出会っているか否かがその作品の魅力のバロメーターになっていると感じるからである。

【注】

（1）北村（2006）、深谷（2011）、桜井（2013）、小倉（2013）参照。
（2）『東友』No.343、二〇一三年五月二五日、参照。
（3）前年の二〇一二年一〇月にスタートしたその学習会の第一回目のテーマは「証言者と聞き手をどう広げるか」「証言活動の工夫」であり、被爆者と被爆二世及び家族が参加した（『東友』No.373、二〇一二年一一月二五日発行）。第二回目では、被爆者と被爆二世が参加し、証言活動が映っているＤＶＤを鑑賞して証言の仕方を学んでいる（『東友』No.340、二〇一三年二月二五日発行）。
（4）同様の動きに関しては、拙稿（2012b）においても明らかにした。
（5）まんが家こうの史代は作品『夕凪の街　桜の国』を描くまで、被爆していない自分が描く資格があるのか悩んだということを明らかにしている。一例として福間他（2012: 358–90）参照。拙稿（2008）でもこの点について触れている。

(6) この裁判闘争とは、原爆の被害によって生じた症状を放射線障害に限定して認定し対策を講じようとする国の政策や姿勢を、集団訴訟という手法で切り崩し、改正させようという運動、つまり原爆症認定集団訴訟である。これに関しては、原爆症認定集団訴訟刊行委員会(2011)ほか参照。

(7) 本節で取り上げる筆者の調査は、語り継ぐことを第一の目的としたものではない。しかしそうであってもその調査経験を参照するのは、その経験に原爆問題や被爆者の語りと彼/女らの社会的世界を理解する際のさまざまな問題が顕著に表れているためである。

(8) 小林はこのような他者の経験の理解をシュッツのいう個人の「伝記的状況」に基づいた他者理解だと指摘している(桜井・小林 2005: 242)

(9) 筆者は大学で、原爆問題や被爆者の人生をテーマとした講義を行っているが、そのなかでこの啓発の回路について触れている。これに対する学生の反応はさまざまで、同様の思考回路を持っているものもいれば、それとは異なる考え方を保持しているもの、批判的に捉えている者もいる。ただ、共通して言えるのは、この思考回路の存在を、内面化しているか否かに関わらず、ほとんどの人が認めている、ということである。

(10) 他者の語りの理解に関しては、鈴木(2008)を参照している

【参考文献】

深谷直弘(2011)「長崎における若者の被爆体験継承のプロセス——「世代の場所」の形成に着目して」『日本オーラル・ヒストリー研究』7: 179–97.
福間良明・山口誠・吉村和真(2012)『複数の「ヒロシマ」——記憶の戦後史とメディアの力学』青弓社
原爆症認定集団訴訟刊行委員会(2011)『原爆症認定集団訴訟たたかいの記録』日本評論社
東琢磨(2007)『ヒロシマ独立論』青土社
Holstein, J. A. & Miller, G.,(1990)"Rethinking Victimization: an Interactional Approach to Victimology," *Symbolic Interaction*, 13 (1) 103–22.
石川良子(2009)「戦争と日常をつなぐ——平和ガイド・サークル「スマイライフ」の活動から」桜井厚『戦争体験を語り継ぐ　沖縄戦とそれ以後の人生をめぐるストーリー』(立教大学SFR報告書)、21–42.

北村毅（2006）「〈戦争〉と〈平和〉の語られ方——〈平和ガイド〉による沖縄戦の語りを事例として」『人間科学研究』19: 55–73.
小林多寿子（2000）「二人のオーサー」好井裕明・桜井厚編『フィールドワークの経験』せりか書房，101–14.
根本雅也（2010）「原爆を語ること，平和を訴えること——広島における原爆被爆者の証言活動」足羽與志子・濱谷正晴・吉田裕『平和と和解の思想をたずねて』大月書店，65–87.
日本原水爆被害者団体協議会（2006）『原爆被害者の基本要求——ふたたび被爆者をつくらないために』
小倉康嗣（2013）「被爆体験をめぐる調査表現とポジショナリティ」浜日出夫・有末賢・竹村英樹編著『被爆者調査を読む』慶應義塾大学出版会，207–54.
桜井厚（2013）「戦争体験を語り継ぐストーリーの分析——沖縄戦の語り」『応用社会学研究』55: 79–98.
桜井厚・小林多寿子編（2005）『ライフストーリー・インタビュー——質的研究入門』せりか書房
鈴木智之（2008）「他者の語り——構築と応答のあいだで」『三田社会学』13: 3–16.
宇吹暁（1999）『原爆手記掲載図書・雑誌総目録 1949–1995』紀伊国屋書店
八木良広（2008）「被爆者の現実をいかに認識するか？——体験者と非体験者の間の境界線をめぐって」浜日出夫編『戦後日本における市民意識の形成——戦争体験の世代間継承』慶應義塾大学出版会，159–86.
——（2012a）『戦後日本における被爆者の「生きられた経験」——ライフストーリー研究の見地から』慶應義塾大学大学院社会学研究科二〇一一年度博士論文
——（2012b）「被爆者と対話すること——原爆問題や被爆者の生に関する「新たな語り」の生成に向けて」『日本オーラル・ヒストリー研究』8: 63–9.
米山リサ（1991）*Hiroshima Traces : Time, Space, and the Dialectics of Memory*, University of California Press. = 小沢弘明・小澤祥子・小田島勝浩訳（2005）『広島記憶のポリティクス』岩波書店
好井裕明（2004）「『ヒロシマ』映画を読む」『社会学ジャーナル』29: 97–117.
——（2006）「ファンタジー化する原水爆そして原子力イメージ——ゴジラ映画・特撮映画というテクスト」桜井厚編『戦後世相の経験史』せりか書房，18–43.

第7章

戦略としての語りがたさ
――アルビノ当事者の優生手術経験をめぐって

矢吹康夫

1　自分が聞かれて嫌な質問はしない

序章でも確認したとおり、ライフストーリー研究の特徴のひとつが、調査協力者から特定の語りを引きだそうとする構え（志向性）を省察することである。たとえば桜井厚は、被差別者は誰もが差別される主体として被差別体験をもっているはずだという調査者の構えを「差別－被差別の文脈」と呼び、この文脈に囚われていると、個々の多様な生活の語りを聞くに値しないものとして捨象しかねないと指摘する（桜井 2002: 169–70）。だからライフストーリー研究は、語られた内容だけでなく語り方にも着目する。調査者の構えも含め、すでにある定型的なストーリーに対する揶揄や冗談、照れ、笑いなどは、そこに回収されまいとする語り手の個別化・主体化の実践である。そうした実践は、調査者の構えを照射するだけでなく、新しいストーリーの生成にも拓かれているという積極的な意義をもっている（桜井 2002: 288）。

私自身は、調査者であると同時に当事者でもあるという二つの側面から、この「差別－被差別の文脈」

に囚われ続けてきた。私がこれまで研究を続けてきたテーマはアルビノであり、ひとまず私もアルビノというアイデンティティをもっている。アルビノとは、先天的にメラニン色素の生成機能が低下、または完全に消失する常染色体劣性の遺伝性疾患であり、弱視などの眼症状、紫外線の影響を受けやすいこと、外見的な違いが主な特徴である(1)。

大学院に進学して調査を始めたばかりの頃、当事者運動を牽引してきた男性へのインタビューに私は苛立ちを覚えることになった。彼は、進学や就職や結婚といった人生の節目で壁にぶつかりそれを乗り越えてきた話を強調したのだが、その際に頻繁に自分以外の当事者にも言及したため、彼のライフストーリーを聞き取るのが目的だった私は苛立ってしまった（矢吹 2014）。それと同時に、彼が語る壁にぶつかり乗り越えてきたという苦難－克服のストーリーにも辟易していた。

なぜなら当時の私は、クレイム申し立てとして承認されにくい問題経験とそれへの対処戦略を聞き取ろうと考えていたからである。こうした構えは、人生の節目で壁にぶつかることはなかったものの、日常生活のなかでイライラしたりムカついたりすることはあった私自身の経験を出発点にしていた。そうした出来事を誰かに話しても「気にするな」「自意識過剰」と言われて聞き届けてもらえなかったから、より黙殺されやすい語りに照準しようと考えたのである（矢吹 2015）。

だがそれだけではなく、当事者として調査・取材を受けたことによってもこの構えは強化されていった。大学院に進学してからは、アルビノについて研究している大学院生で、なおかつセルフヘルプ・グループの運営にも携わっているアルビノ当事者という立場もあってか、私自身のライフストーリーを語るよう求められることが何度かあった。新聞記者やジャーナリストから取材を受け、学部生や大学院生からの調査インタビューに応じ、シンポジウムのパネリストとして司会者の質問に答えてきた。いつもとは逆の調査・取材される立場になって感じたのは、辛く苦しい経験をしてきたけれど、あるいはしてきたからこそそれを乗り越え研究に運動に邁進しているという苦難‐克服のストーリーを語らせようとする聞き手側の構えである。

たとえば、不慣れな学部生だと最初の質問が「今までで一番辛かったことは何ですか」だったりする。ベテランの新聞記者はさすがにそんなことはないが、それでも学校生活についての質問では「やっぱりいじめられましたか」と「やっぱり」がついている。同様に「授業ではどんなことで困りましたか」と「困ったこと」を前提にしている。そして締めくくりに、「今、社会に訴えたいことは何ですか」と聞いてくる。求められていたのは社会問題として告発に値する経験であり、いじめや暴力、情報保障や合理的配慮の不備、就職や結婚に際しての差別などをへて、その解消のために尽力している闘う当事者像を押しつけられているように感じた。だが、振り返っても思い当たることは少なく、聞き手の期待に応えられない自分の人生がつまらないものに思えたことさえある。

こうして、苦難‐克服のストーリーに回収されることに反発を覚えた私は、自分のインタビュー調査では、私の語りを捨象した人びとを反面教師にするようになっていった。しかしすぐに、ある女性当事者から私の構えは批判されるにいたる。社会問題として告発に値するか／しないか、クレイム申し立てとして承認されやすいか／されにくいかにかかわらず、結局のところ「困ったこと」を聞き取ろうとしている点では同じ地平にあり、「差別‐被差別の文脈」に規定されていることに変わりはない（矢吹 2011）。確かに、程度の差はあるにしても「困ったこと」を前提にインタビューをされたら、私自身も不快に思うだろう。

彼女へのインタビューを重ねるうちに、露骨な被差別体験であれ日常の些末な問題経験であれ、とにかく「辛かったこと」や「困ったこと」を積極的に聞いてはならないという構えをもつようになった。私自身が調査者であると同時に当事者でもあることが色濃くあらわれているのが、自分が聞かれて嫌な質問はしないという単純な倫理である。ただこれも独りよがりであり、相手にとってそれが聞かれたくないことかはわからないし、まわりくどい聞き方のせいで何を答えればいいのか戸惑わせたことも多い。それでも、調査目的の説明やインタビュー中の質問は、回を重ねるごとに消極的になっていった。

以降は、アルビノの人たちがどんな生活を送ってきたのかは当事者や家族にすらよく知られていない、だからあなたの人生について聞きたいという漠然とした調査目的を事前に伝え、それに加えて特定のテーマに絞らなくてもかまわないと念押しした。インタビューの最中は、学校生活に関しては、普通校か盲学校か、学校の規模、入学前からの友人・知人と一緒だったどうか、学校側に親から事前の説明があったかなどの事実確認をしながら、時系列順に語るよう促した。結婚の話題になったときは「反対されませんでしたか」と聞くのはとても失礼に思えたから、「すんなりとですか」「サクサクと進んでいった感じですか」「トントン拍子なんですか」といった質問をした。(2)

もちろん直接的に質問しなくても、いじめられた経験を印象深く覚えていれば「いじめられた」と語るし、相手の親から結婚を反対されたら「反対された」と語る。また、学校生活や職場の環境については具体的な「困ったこと」を列挙するなど、多くの調査協力者が「らしいエピソード」(3)に収斂した。だが一方で、いじめられたことがなく、私から質問しなくても、自発的に「特にいじめはなかった」と補足する調査協力者も何人かいた。

彼／彼女たちは、いじめられたり結婚に反対されたり、困ったり苦労したりといった、アルビノ「らしいエピソード」を理解し、それを聞きたがっている調査者として私をカテゴリー化し、そのうえでそんな経験はなかったとわざわざ言い添えたのである。私の調査過程を振り返ると、聞き手が語らせたいことと語り手が語りたいこととの間にせめぎ合いがあったというよりも、どちらかといえば、語り手が語りたくないことを回避してきた点が特徴的である。

以下では、「らしいエピソード」を「面白い話」と呼び、それを周到に回避しながら語ったAさんのライフストーリーを検討する。彼の語りは、とりわけ「遺伝の問題」をめぐって語りがたさが顕著になったのだが、本章ではそれを、Aさんの個別化・主体化の実践として積極的な解釈を試みる。

2 「面白い話」の回避

Aさんは一九三八（昭和一三）年生まれの男性で、男ばかり四人きょうだいの次男である。Aさん以外に家族・親族にアルビノはいない。視覚障害者のリハビリテーションや点字出版などを事業としている社会福祉法人・日本ライトハウスで定年まで勤め上げ、その後も嘱託職員として働いている。

調査を進めていく過程でなかなか年配者にコンタクトをとれなかったため、別の調査協力者から紹介してもらったのがAさんである。調査依頼に際しては、戦前生まれのAさんの語りはそれだけで聞くに値するものであり、特定のテーマに絞らなくてもかまわないと強調した。その返信のメールには「ご期待に沿えるようなお話ができないのではと心配しております」とあったのだが、それでも彼は快く調査協力を引き受けてくれた(4)。

2-1 「僕は恵まれて育った」

Aさんがライフストーリーを語るにあたってたびたび口にしたのは「僕は恵まれて育った」である。彼が生まれたとき両親が医師から聞かされたことは十分でも正確でもなかったが、「髪が白い、肌が白いっていうこと」や「目が悪いこと」は理解し、中学の頃からは日焼けにも気をつけるようにしていた。子どもの頃は「人と変わってるってこと」には気づいていたが、それは必ずしも否定的には経験されなかった。

幼い頃は自宅の隣が保育園で、入園する前から面倒をみてもらったり、小学一年生からすごした疎開先でも比較的広い敷地の家に住み、余った部屋には小学校の担任が下宿し、近所の子どもたちもAさんの家の庭で遊ぶのが日常だった。さらには、疎開先の駐屯部隊の指揮官よりも、技術将校だったAさんの父親のほうが階級が上だったこともあり、「比較的苦労は少なかった」と振り返る。このように彼は当時を「あんまり困った経験っていうのがない」「自分が不自由だなんてことを考えることがほとんどない」「順調に育ちましたから」「ごく普通に育てられたんだと思います」とくり返す。

かといって、否定的な経験がまったくなかったわけではない。

A：たとえば、同級生であったり、あるいは近所の子であったり、たとえば白子って、しろっことかしらっことか、そういう冷やかされ方をしたり何かした経験はあります。だけどそれ以上の経験はないいんだけどね、いじめとかいうようなことはありません。ご近所の子とも毎日一緒に遊んでましたから。

冷やかされたことならあると話しても、即座に「それ以上の経験はない」と、さらなるいじめにはエスカレートしなかったと言葉を足した。

食料事情が厳しかった戦中や敗戦直後の生活についても「いい話ばっかりで恐縮なんですけど」とわざわざ前置きしたうえで、近所付き合いが巧みだった母親のおかげで、食料を農家からわけてもらったり売ってもらったりして「わりとマシだった」と続ける。こうした近所付き合いでは「母親なんかはけっこう苦労はしてたんだろう」と想像できるものの、それも「僕なんかはあんまり知らないところ」での話であり、自分自身が苦労したわけではないという補足は忘れない。終戦後もしばらく家族は疎開先で暮らし、地元に戻ったのは小学五年生のときだった。

スポーツは得意ではなく、普通校での体育の授業や運動会では「できないこと」もあったが、「とっても嫌だったっていう環境がないんですよね」ともいう。また、盲学校に転校するまでは、学校では「みそっかす」で「友達は少なかった」というが、それも次のようにはぐらかし詳細は語らない。

Ａ：嫌な思い出なんで特に忘れようとしてるつもりはまったくないんですけど、なんかその頃の記憶っていうのは、あんまりいろんな記憶がないですね、いいほうも悪いほうも。

Ａさんは、身体障害者福祉法が制定された二年後の一九五一（昭和二六）年に障害者手帳を取得している。その直後の中学二年のときに盲学校に転校したことについて、「はっきりした動機づけはありません」と述べ、普通校が「嫌だっていうほど嫌だったわけでもありません」と否定し、周囲の勧めにしたがったにすぎないと強調する。盲学校時代は盲人野球の全国大会に出場したり、プロ野球が好きな小学部の子どもたちのために雑誌の記事を点訳したり、何度も「楽しかった」と語る。そのまま高等部に進学したものの、三療（鍼灸あんまマッサージ）を職業にすることが想像できず、卒業後は専攻科には進まず大学受験のために予備校に通い始めた。

その頃、将来について両親や両親の知人などに相談し、盲人運動のリーダーの一人、松井新二郎(5)を紹介され、松井が厚生教官を務めていた失明者の更生施設である国立東京光明寮（現・国立身体障害者リハビリテーションセンター）の点字印刷科に通うことになった。そして、点字印刷科在籍中に日本ライトハウスから熱心に誘いを受け、父親の勧めもあり二〇歳のときに就職した。

働き始めてからも大学進学を諦めてはおらず、最初は一、二年身を置いたら辞めるつもりでいた。しかし、始めてみると点訳の仕事は「難しい要素がたくさん」あるが「面白い部分」もあり、職場は雰囲気もよく、理事長からも目をかけてもらって若くして点字出版の経営にも参加するようになった。こうして、自分が携わってきた仕事の内容などをひととおり説明した後、Aさんは短い沈黙に続けて次のように問いかけてきた。

A：（・・・）なんかあんまり面白い話ではないでしょ。

＊：（笑）いえいえ。

A：あんまりその、なんていうかな、自分のあれとかなんとかいうことにそれほど困ったり、本当に悩んだり考えたりしたことってのがそれほどないもんだから。

＊：面白い話っていうのはどういう感じのもの、どう考えて面白い話。

A：いやー、なんていうかなー、そんなこともありましたかっていうようなことがあんまりないでしょう。なんかもう少し、こんなこともあったりこんなことで困りましたとか、こんなふうにして乗り越えてきましたとかいうことがあまりないもんだから。（略）わりと恵まれて育てられたと思いますんで、そういう意味ではそんなに苦労してないでしょうかねー。

調査依頼の返信メールにもあったように、聞き手である私の「ご期待に沿えるようなお話」だとAさんが想定した「面白い話」は、彼自身が語れることとは異なっていた。それはたとえば、「白子」と言われていじめられ、戦時中から戦後にかけても苦労が多く、普通校ではできないことがあって「とっても嫌だった」と感じ、そうした「困ったり、本当に悩んだり考えたりしたこと」を「乗り越えて」きたというストーリーなのだろう。私からそれをリクエストしていなくても、彼は私を「面白い話」を聞きたがっている調査者としてカテゴリー化し、そのうえで「面白い話」から遠ざかり、「恵まれて育った」とくり返したのである。

2-2　しなきゃいけない「子どもの話」

上記の語りの後は、他のきょうだいについて簡単に説明してもらったものの、それもすぐ終わり再び短い沈黙がおとずれた。

A：（・・・）何かあと特にお話することがありますか。あの、何でも聞いていただいてけっこうですし、隠してほしいことは何にもありませんから、全然。本当にざっくばらんにお話をしていますんで。
＊：はい。じゃあ、ご結婚されたのはいつになるんですか。
A：結婚したのはね、三〇いくつかな。三三だったのかな、四だったのかな。それから、それを申し上げておきますけど、女房は全盲です。

ここで彼は「それを申し上げておきますけど」と前置きして「女房は全盲です」と述べると、彼女との出会いから結婚にいたるまでを説明し始めた。Aさんの妻は、電話交換士の資格を取得するために日本ライトハウスの訓練センターに入った。現在は移転しているが、当時はまだAさんの職場と訓練センターは同じ建物のなかにあり、職員と訓練生が一緒にハイキングにいくなど交流の機会は多かった(6)。ただ、この頃はまだ妻のことを訓練生のひとりとして知っていただけである。彼女は課程修了後、日本ライトハウスに電話交換士として就職し、しばらくしてからAさんと個人的な付き合いが始まり、一年後に職場結婚して退職している。Aさんは、以上の経緯を「うん、まあごく普通ですよ」と評価すると、私からの続けざまの質問に答えていった。

＊：ご結婚するとき、職場の周囲の人たちっていうのは、職場のみなさんはまあ祝福という感じで。
A：ですね、はい。大変に喜んでくれた人は多かったです。

これに続けて家族の反応についても同様に答えた。

＊：ご家族の反応ってのはどんな感じでしたか。
A：うちは、僕の家族はもうきわめて簡単にっていうか、受け入れてくれましたよ、うん。それは両親は賛成してくれましたし。それから僕はそこには参加していませんけど、父親、母親、きょうだいなんかとも一応話し合いをしてくれたようです。
＊：話し合い。
A：きょうだいなんかも、こういう話だけどどうだという話をしてくれたようです。それは僕が〈話し

合いに）入ってではなかったんで、多分僕が入らずにしてくれたんだと思いますけど。他のきょうだい三人も別に反対もなしに、けっこうじゃないかということだったというように聞いています。（略）そういう意味ではどっからも反対はありませんでした。

＊：あー、はい。

A：で、彼女の両親やなんかからも反対はありませんでした、まったく。

このように彼は、職場の同僚は「大変に喜んでくれた人が多かった」、家族も「きわめて簡単に」賛成してくれたと答えた。さらに質問されるよりも先に、妻の両親からも「反対はありませんでした」と語り、それが「ごく普通」の結婚であったと念押ししている。

そして、それに続けて妻の幼少時代のことを簡単に説明し、短い沈黙の後に思い出したように、しかし語らねばならないこととして「子どもの話」を始めた。

A：（・・・・）そっから、そうなんだな。子どもの話をしなきゃいけないのかな。

＊：あ、はい。

A：子どもは、あの、今いませんけど、それはもう作らないことに決めて、

＊：決めてですか。

A：いません。それは結婚する前にそう二人で、あるいは両方の両親とも相談をして作らないことに決めました。それは彼女にも納得をしてもらって、作らないことに決めて。ですから、僕は結婚する前に手術を受けました。(7)

これまでの議論から明らかなように、彼は、否定的に解釈されないように「恵まれて育った」ことを強調しながらライフストーリーを語る。それは、現在をゴールにした首尾一貫した物語を構成するための周到な語り方なのだが、子どもを作らないために優生手術を受けたという経験はその一貫性を揺るがしかねない。ここから先は「恵まれて育った」ことと矛盾しないライフストーリーにすべく、Aさんの語りがまわりくどくなる。

2-3 「遺伝の問題」の語りがたさ

ここからは、Aさんが「あくまで遺伝の問題」として意味づけようとした「子どもの話」を、インタビューで語られた順にひとつひとつ検討していく。まず、妻と相談したときの様子である。

A：彼女もね多少遺伝的なこともあったりして、それはもうあくまで育てるのが大変とか何とかいうことじゃなくて、僕が言ってたのはあくまで遺伝の問題です。できれば、そのなんて言うかな、遺伝的な要因っていうのは残るわけですから、何代か続けてね。で、その、それがいけない、そんなにいけないということではなくて、とにかく僕はもうそれはやめたいということを考えていましたから。あの、そういうことを話しました。彼女は自分もそういうあれがありましたんで、（遺伝的な）心配が。で、そうしましょうということでした、わりと簡単に。

ここではまず、養育能力がないから子どもをもたなかったという理由が否定され、「あくまで遺伝の問題」だったと確認している。妻の疾患にも遺伝が関わっていることもあり、それらが後の世代に残るのを避けるために「わりと簡単に」二人で合意した。Aさんの優生手術は、家族とも十分に相談し強制ではない形で選択されており、その動機は、自らがもっている「遺伝的な要因」は残さないほうがよいという考えに基づいていた。

次にAさんは、就職した当時「視覚障害者の人なんかも遺伝については真剣に考えてほしいし、ちゃんと取り組んでほしいという思い」から、遺伝に関する本を点訳しようと真剣に考えていたと語った。

A：僕はその頃もそうですし、今でもそうは思ってますけど。それは遺伝的な、遺伝性の、遺伝の心配のある病気の人が子どもを作ってはいけないとは僕は思わないんです、必ずしもね。ただ、十分な知識をもって、ご夫婦なりなんなりで十分に話し合ったうえで、作るなり作らないをちゃんと決めてほしいし、決めるべきだと思っているんです。それはその、そこんところを何も考えないで結婚して子どもができるのは当たり前みたいなことは、あんまりいいことではないと思っていて。

ここでは、遺伝性疾患の当事者は子どもを作るべきではないという単純な優生思想は否定している。彼が問題視していたのは十分な情報が行き届いていないことであり、十分な情報のもとで夫婦が相談して決めるのが望ましいと考えていた。しかしその後、遺伝に関する知識や情報を「どれだけつまびらかにしていいのか」に疑問をもつようになり、点訳本は一冊だけ出してやめてしまう。

Aさんは、当初は当事者を啓蒙し十分な知識をもったうえで決めるべきという、個人・夫婦の知る権利と自己決定を尊重する立場から出発している。リスクがある個人・夫婦は子どもを作るべきではないとは思わないが、何も知らないままの成りゆき任せは望ましくないし、熟慮したうえでの決断ならそれは容認するという立場である。

こうした科学的に正確で、暴力や強制をともなわない「正しい」優生学に対する批判が登場するのは一九七〇年代以降である（立岩 1997: 375–6）。「正しい」優生学においても、根本のところでは障害者の存在を否定する核心は捨て去られておらず、現在それが批判される考えであることには彼も自覚的である。だから度々「子ども作っちゃいけないとは思いませんよ、そういう当事者でもね」とくり返した。しかし、それも現在から振り返った語りであり、そうした批判が登場するよりも前にAさんは結婚し、手術も終えている。

Aさんは、「もし結婚する機会があっても子どもは作らないというのは、自分が実際に結婚する五年、一〇年前から」決めていたというが、それがなぜなのかを質問して返ってきたのが次の答えである。

＊：その決意はどこからきたんですか。
A：どっからでしょうねー。ですから僕はずいぶん恵まれては育ってきたし、あの、あれですよね、そんなに自分が白かったり見えなかったりして困ってきたことはないけども、うーん、だけど、やっぱり同じ状況の子どもを作ろうとは思わなかったというのが潜在意識みたいなものとしてあったんでしょうね。そう思ってたんだと思います。

子どもに自分と同じような経験をさせたくないと思っているならば、Aさんもその根拠になるような否定的経験をしているはずだが、「白かったり見えなかったりして困ってきたことはない」と述べているように、彼はひたすらそれを回避してきた。したがって、自分と同じ疾患の子どもが生まれて、その子が遺伝した疾患が理由で不幸になる、だから子どもを作らないと因果的な説明をしたら、これまで一貫して「恵まれて育った」と語ってきたＡさんの人生が再評価にさらされ、ライフストーリー全体の再構成をせまられる。それを避けるために彼が口にしたのが「潜在意識みたいなもの」だった。

2-4　「困ったこと」探しと、その否定

その後、彼はまた短い沈黙に続けて、子どもを作らないという結論に達した別の理由を示そうと試みた。

Ａ：（・・・）うーん、で、そんなに僕は自分で困ったことがないし、自分で不幸だと思ったことはないんですけど。そうですね、それからあれですね、僕にとってはやっぱりいじめとか目の見えないってこと以外に、僕は日焼けがひどかったのはけっこう覚えとしては困ったことでしたね、子どものときね。

ここにきて初めて、それまで否定し続けてきた「困ったこと」があったと明言し、「日焼けがひどかった」例をあげた。さらに他にも「困ったこと」がなかったか探し始め、アルビノの症状とは何の関係もない「霜焼け」が登場する。

Ａ：うんと小さいときはもう、冬は霜焼けがひどかったです。日焼けもだから、そうだなー、中学生ぐらいのときから少し気をつけるようになりましたかね。夏、長袖のシャツ着たりしてるようになりましたけどね。もっと小さいときはもろに焼けちゃって、けっこうひどい日焼けを毎年夏には一回ぐらいしてましたね。（・・・・・）あとはそうだなー。（・・・・・）今あれですね、日焼けしたり、皮膚はやっ

ぱり非常に弱いですから、もう少し僕が歳とって、それこそ寝込んだりでもしたら、いわゆる床ずれみたいなのがどうかなーとときどき思いますけどね（笑）。多分ひどいだろうなと。

さらに過去の「霜焼け」に続けて、将来困るかもしれない「床ずれ」まで動員した。だがそれもつかの間であり、この直後に再び彼は「困ったこと」を否定する。

＊：（日焼けに）気をつけるっていうと、長袖とか帽子かぶったりとかってことですか。

A：帽子はずいぶんかぶってましたね。それから中学生の後半ぐらいから、夏、長袖のシャツを着たりしてました。でもそれはね、日焼け半分とね、僕が長袖のシャツ着てたのは、おしゃれ半分の気分が自分にあってね。

＊：おしゃれですか。

A：あの、あれですよ、半袖着てても、日常生活で日焼けして困るほど焼けたことないですから、日常生活ではね。特に一日何かで日に当たってたり、それこそ海水浴行ったりということでなければ、半袖着て困るほど日焼けをしたことはそうあるわけではありませんから。なんとなく一夏長袖ですごしたことは記憶にはあります。それはなんか、長袖を着ていたかったとこがあって。中学生だったかな、なんとなくおしゃれっぽい長袖着てたことがありますけど。帽子はかぶっていましたね。帽子は、白い髪ということよりは、まぶしいのでつばのある帽子をかぶっていました。

長袖のシャツを着ていたのは「日焼け半分」だけでなく「おしゃれ半分」でもあったと別の理由を追加

している。さらに半袖ですごしたとしても「日常生活で日焼けして困るほど焼けたことないですから」と続け、たった今「困ったこと」の例としてあげた日焼けの経験も、あくまで海水浴に行った場合などに限られると補足する。

Aさんはそれだけにとどまらず、帽子をかぶっていたことについても別の理由を追加している。上記のやりとりの最初で、私は日焼け対策のひとつとして帽子をかぶっていたのかと質問しているのだが、彼は長袖のシャツを着ていた理由に続けて、「白い髪ということよりは、まぶしいのでつばのある帽子をかぶって」いたと答えている。これはおそらく、白い髪を隠すために帽子をかぶっていたという推測の否定であり、最後まで彼は「面白い話」から遠ざかろうとしたのである。

3　面白くない「ごく普通」のライフストーリーへ

遺伝性疾患をもつ子どもを生まないようにするのは「義務」であるという発言や、遺伝性疾患の子どもは医療・福祉のコストを増大させ財政を圧迫するという指摘は一九七〇年代前半までは珍しくなかった（松原 2000: 223）。とりわけアルビノは、七〇年代以前の遺伝学の啓蒙書のなかで、根絶すべき遺伝性疾患の代表格として頻繁に言及されてきた（矢吹 2012）。こうしたアルビノに対する否定性は、Aさんが手術を受け結婚した当時ならばある種の常識として浸透していたのである。だがそれは、現在から見ると内なる優生思想、内なる健全者幻想として批判されかねない。彼は、七〇年代以降の「正しい」優生学への批判をへた現在では、当時の判断がどのような議論に巻き込まれるのか十分に理解していた。だから随所で「遺伝の心配のある病気の人が子どもを作ってはいけないとは僕は思わない」とくり返し釘を刺し、その結果まわりくどい語りになった。

物語論が明らかにしてきたように、自己物語を語ることによって自己のさまざまな経験は構造化され意味を与えられる。「語り得ないもの」は、そうした一貫性に亀裂を入れる危険な要素であり、自己物語を首尾よく語り続けるには、それを見えなくする工夫が必要になってくる（浅野 2001: 110）。Aさんの「子どもの話」は、「恵まれて育った」というライフストーリーの一貫性を揺るがしかねないものであり、「語り得ないもの」として隠蔽すれば本章で見たような語りがたさを招くこともなかったかもしれない。しかし彼は、聞かれるよりも先に「そうなんだな。子どもの話をしなきゃいけないのかな」と前置きしてなぜ優生手術を選択したのか話し始め、結果的に言語化できない「潜在意識みたいなもの」へといき着いた。

仮にAさんが国家や医師から強制されて優生手術を受けたならば、それを被害の物語として語ることもできるが、実際はそうではなかった。また、Aさんが受けた手術は、副作用や後遺症がない安全で確実な永久避妊法であり、先進工業国ではコンドームやピルに次いで子どもがほしくないと望む夫婦が選択している一般的な手段である（堀口 2003）。本章ではさしあたり優生手術と表記してきたが、一般的な避妊手術という言い方でもよかったのであり、ただの家族計画として語るのも不可能ではない。しかし、彼はそうは語らず、わざわざ「遺伝の問題」と関連づけて動機を説明しようと試みた。

動機とは、他者がその説明を求めるか、行為者自身が弁明するかして初めて言語化される事後的な正当化であり、その行為が問題とならないかぎり動機は必要ない（Mills 1940=1971）。Aさんが優生手術を選択したことを「遺伝の問題」として語ろうとしたのは「面白い話」を聞きたがっている調査者として私をカテゴリー化していたからであり、ただの家族計画では聞き手は納得せず、そうではない動機を語らせようとしてくると考えたのだろう。

そして彼は、「面白い話」を相対化しながらライフストーリーを語った。「白子」と言われてからかわれたことはあってもそれ以上のいじめにはエスカレートしなかった。普通校でできないことはあったがそれが嫌だったわけではない。友達は少なかったがはっきりと覚えていない。普通校が嫌だから盲学校に転校したのではなく、周囲の勧めにしたがっただけだ。結婚は誰からも反対されずむしろ祝福された。長袖のシャツを着ていたのは日焼け対策であると同時におしゃれ目的だった。ひどい日焼けをしたことはあるがそれも海水浴などに限られる。白い髪を隠すためではなくまぶしいから帽子をかぶっていた。

このように彼は、明確に否定して「困ってない」ことを示したり、否定はしないが別の理由をあわせて語って「それほど困ってない」ことを示したり、「あんまり記憶がない」とはぐらかすなど、さまざまなやり方で「面白い話」を回避している。しかも多くの場合、私から質問するよりも前に先取りして答えている。そのうえ盲学校への転校や帽子をかぶっていたことについては、想定される理由を否定したうえで別の理由づけを試みており、この点からも彼が「らしいエピソード」を熟知していたのは明らかである。ただしひとつだけ、否定したりはぐらかしたりするだけではすまなかったのが「子どもの話」である。

アルビノも含めた遺伝性疾患を「本来あってはならない存在」と見なす優生思想はいまだに根強く、当事者たちが参照し、語ることができるオルタナティブなストーリーは限られている。障害がことさらに注目され、否定的に意味づけられ、それによって障害をもつ個人の全体までもが否定されてしまう。これに対して障害者運動は、障害者に対する不当な処遇を改善し平等を求めていく戦略と、価値を逆転させて障害を肯定するという戦略をとってきた。だがいずれも、否定性をいったん引き受けたうえでの抵抗の戦略であり、その出発点はニュートラルではない。問題なのは、否応なしに肯定／否定の選択を迫られることであり、そもそもにして否定性を引き受ける必要などないはずである（岡原・立岩 1995: 162; 立岩 1997:

423）。

「恵まれて育った」と強調したAさんのライフストーリーは、一見して障害の肯定のようにも受け取れる。しかし彼は、アルビノだったから幸せな人生を送れたとは語っておらず、アルビノであることをことさら強調していないし、価値の逆転も意図していない。あくまで「ごく普通に」「順調に」生きてきたと語ることで、肯定／否定が問われてしまう場から降りようとしたのである。結果としてまわりくどいものになったが、「子どもの話」で顕在化した語りがたさは、不幸になるとわかっているから同じアルビノの子どもは望まなかったというストーリーに回収されないように優生手術経験を語ろうとした個別化・主体化の実践である。彼の「面白い話」を相対化する語り方には、否定性を引き受けることなく「ごく普通」から出発する新しいストーリー生成の契機が秘められているのである。

【注】

（1）アルビノはおよそ二万人に一人生まれるとされ、保因者は七〇人に一人程度と推定されている。遺伝頻度に人種差、性差はない。症状について補足すると、弱視のほかに極端に光をまぶしく感じる羞明もある。外見的特徴には個人差があるが、毛髪は白や金色、肌も色白で、目の色も青や茶、灰色などになる。

（2）ただし、「反対されませんでしたか」の代わりに「順調でしたか」と質問しているこの聞き方は、むしろ順調にいかなかった可能性に照準しておりまったく中立的ではない。

（3）たとえば性同一性障害のカウンセリングでは、臨床心理士も患者も、幼少期にランドセルの色や服装に違和感をもつという「性同一性障害らしいエピソード」を語ることがスタンダードだと知っている。そのため、臨床心理士の質問が答えを限定しない簡略化されたものであっても、何を言うべきかわかっている患者は「らしいエピソード」を語り、スムーズなやりとりが行われる（鶴田 2010: 27－32）。

（4）Aさんには二〇一一年の一月に約二時間半のインタビューを行った。なお、大学院在学中にインタビューした二一人のうち彼は一九番目の調査協力者である。

（5）まついしんじろう。一九一四年生、一九九五年没。視覚障害者の新職業開拓や雇用促進、大学の門戸開放運動などに尽力した（松井新二郎伝刊行会 2005）。

（6）訓練センターには先進的で開放的な生き方を求めて各地から視覚障害者が集まり、様々な盲人スポーツや月に一度のハイキングなどを楽しみ、また、触知できる教材作りには同じ敷地内にあった点字出版所も協力していた（日本ライトハウス21世紀研究会 2002: 129）。

（7）優生保護法の第三条の本人の同意による優生手術のほとんどは、優生学的理由ではなく母体保護が目的であり、またいずれの件数も女性に比べると男性が圧倒的に少ない。したがってAさんは全体から見ればまれなケースと言える。彼が結婚した一九七〇年代前半、第三条規定の遺伝性疾患を理由にした男性への優生手術の件数は次のようになっている（カッコ内は女性）。一九七〇年：八（九六）、一九七一年：二（一〇五）、一九七二年：八（九一）、一九七三年：六（二六二）、一九七四年：三（一三六）、一九七五年：〇（六九）（柘植ほか 1996: 381–3）。

【参考文献】

浅野智彦（2001）『自己への物語論的接近——家族療法から社会学へ』勁草書房

堀口雅子（2003）「優生手術の身体的・精神的影響」優生手術に対する謝罪を求める会『優生手術が犯した罪——子どもをもつことを奪われた人々の証言』現代書館、147–66.

松原洋子（2000）「日本——戦後の優生保護法という名の断種法」米本昌平・松原洋子・橳島次郎・市野川容孝『優生学と人間社会——生命科学の世紀はどこへ向かうのか』講談社、169–236.

松井新二郎伝刊行会（2005）『盲人福祉の新しい時代——松井新二郎の戦後50年』冨山房インターナショナル

Mills, C. Wright（1940）"Situated Action and Vocabularies of Motives," *American Sociological Review*, 5（6）: 904–13. = 田中義久訳（1971）「状況化された行為と動機の語彙」青井和夫・本間康平監訳『権力・政治・民衆』みすず書房、344–55.

日本ライトハウス21世紀研究会（2002）『わが国の障害者福祉とヘレン・ケラー——自立と社会参加を目指した歩みと展望』教育出版

岡原正幸・立岩真也（1995）「自立の技法」安積純子・岡原正幸・尾中文哉・立岩真也『生の技法——家と施設を出て暮ら

す障害者の社会学（増補改訂版）』藤原書店、145–64.
桜井厚（2002）『インタビューの社会学――ライフストーリーの聞き方』せりか書房
立岩真也（1997）『私的所有論』勁草書房
柘植あづみ・市野川容孝・加藤秀一（1996）「「優生保護法」をめぐる最近の動向」江原由美子編『フェミニズムの主張3 生殖技術とジェンダー』勁草書房、375–90.
鶴田幸恵（2010）「いかにして「性同一性障害としての生い立ち」を持つことになるのか――実際のカウンセリングの録音・録画における「自分史をやる」活動に焦点を当てて」宮内洋・好井裕明編『〈当事者〉をめぐる社会学――調査での出会いを通して』北大路書房、21–40.
矢吹康夫（2011）「「分かりやすさ」の抑圧――アルビノ当事者の問題回避の語り」『障害学研究』7: 161–84.
――（2012）「注目すべき表現型から注目に値しない遺伝子型へ――遺伝学史上におけるアルビノ」『社会学研究科年報』19: 7–18, 立教大学大学院社会学研究科
――（2014）「一人でアルビノの多様性を語る――ライフストーリー・インタビューとして読み解く」『応用社会学研究』56, 立教大学社会学部
――（2015）「仲間たちとの「あるあるネタ」が社会調査になる」秋谷直矩・木下衆・朴沙羅・前田拓也編『最強の社会調査入門』ナカニシヤ出版（予定）

第8章

語りにおける一貫性の生成／非生成

倉石一郎

桜井厚は『インタビューの社会学』の中で、「語られたことが真実かどうかという……やっかいな問題」（桜井 2002: 191）を、ライフストーリー研究に突きつけられた宿命的問題と位置づけている。たしかに、語り手によって生きられた生と、「語られた生」の一致それ自体は確かめるすべがほとんどない。私たちはその問題をとりあえず括弧にくくって、語られた生の世界に内在し、その豊かさを十全に表現し、意味世界を解釈することに全力を傾注してきた。

しかしながらこの問題は、量的研究や実証主義の方法論といった「外野」から執拗に蒸し返され、ライフストーリー研究の価値をおとしめる口実ともされてきた。インタビューという営みが、量的調査などと比べて平凡な日常的行為に近く、一見したところ「誰でも、いつでも、どこでも」簡単にできそうに見えることも相まって、不一致問題はライフストーリーの「科学」性への疑問を惹起し続けている。桜井が「やっかい」な問題と呼ぶゆえんである。

ライフストーリー研究にとって宿命的とも思える、この問題に対して、もちろん応答がなされてきた。

桜井（2002）による「内的一貫性／外的一貫性」の議論はその代表的なものである。それによれば、語られたライフストーリーが、調査者の知識や他の語り手によって語られたライフストーリーと内容において一致しなかったり、矛盾したりすることはままある。しかし、ライフストーリー研究の本義はそもそも「外的基準」をもつ「歴史的真実」や「個人史的現実」の探求にあるのでなく、「語りの真実」や「自伝的真実」の方にある。だから重要なのは外的一貫性ではなく内的一貫性、すなわち「過去や現在の経験、そして予想される未来を当人がどのように理解しているかの、内的に一貫した解釈」が語りの中でどれぐらい表現されているかである。このようなロジックによって、実証主義の側からの疑義に、応答がはかられてきたのである。

本稿は、桜井によるこの応答への共感的批判の試みである。まず、その「内的一貫性」概念による理論構築をフォローし、それが対話的構築主義に基づく独特な考え方であることを確認する。他方でその議論が、非－一貫性という問題領域に対して閉ざされ、そのままでは語りの世界の豊饒さを捉えきれないことを論ずる。以上の枠組みをふまえ、筆者のインタビューに基づく一つの事例を手がかりに、筆者なりの一貫性／非一貫性に対するつきあい方を例証的に論じたい。そこにおいて開示されるのは、J・P・サルトルが哲学小説『嘔吐』を通じて表現してみせたような不条理の哲学へと、ライフストーリー研究を接合させる方向性である。

1　議論の枠組み――「一貫性」の彼岸へ

前述のように桜井（2002）において「内的一貫性」の概念が重要なのは、それが「外野」からの攻撃に対する防御の要であるだけでなく、ライフストーリー研究の根本的な意義や目的を基礎づけているからである。それによれば、ライフストーリーにおける内的一貫性は、単に調査者が語りの中から受動的に「発見」するものではなく、インタビューのプロセスのなかで協働作業によって「構築」していくものである。

> 人生のある時期での個人的な語りの語られ方は、過去や現在の経験、そして予想される未来を当人がどのように理解しているかの、内的に一貫した解釈として表現されたものである。このことは、語りの一部が語りのほかの部分と矛盾をきたさないということである。……このような内的一貫性は、語りの最初とあとでストーリーに矛盾やずれがあることに気づけば、インタビュアーも語り手自身も双方がチェックして修正したり追加的な説明を補ったりすることで、継起順序や方針などの一貫性を確保することができる。（桜井 2002: 201）

このように桜井は、数度にわたるチェックのスクリーニングを経て、それでも揺るぎないと認められた、語り手の事象への理解や態度を見出すことをライフストーリー研究の意義・目的と位置づけている。繰り返しになるがこの「一貫性」は、語り手の主体内部にあるものでなく、あくまで語り手と聞き手の「あいだ」に存在し、なおかつ両者の不断の努力によって相互主観的に達成（構築）されるものだ。

> インタビューを重ねたり、文字資料や他の人へのインタビューなど、多角的なアプローチで語りのバイアスを取り除いたりすることができるのは、「個人史的現実」に対応する語りである。「自伝的真実」の語りは、あくまで〈物語世界〉にとどまるのだからである。（桜井 2002: 202 強調は筆者）

こうした議論の大前提になっているのは、ライフストーリーの語りにおいて矛盾やずれに出くわすことは極めて頻繁に起こりうるということである。実証主義であろうと対話的構築主義であろうと、否応なくこれと向き合わなければならない。その上で桜井がここで退けているのは、「多角的アプローチ」と称される実証主義的立場からの対応、すなわち語りの外部に位置する文字資料やオーラルデータを参照して、語り手のあずかり知らぬところで矛盾やずれを「解消」しようとする姿勢である。それに対置されるのが、あくまで語り手をパートナーに、矛盾・ずれに共に対しようとする対話的構築主義の姿勢である。その際に参照項となるのは、共同で紡ぎだされる新たなる語りの世界だけである。この徹底した態度には、対話的構築主義の真髄があらわれていると言っていい。

しかしながら、以上の桜井の議論に対し、微妙な違和感をおぼえることもまた事実なのである。それは筆者のささやかながらのライフストーリー・インタビュー経験をもとにした直感的なものだ。たとえば、今まで私が出会ってきたライフストーリーの語り手たちは、内的一貫性を構築しようとする「私」の誘いに、いつも、こうもやすやすと、しかも熱心に乗ってきてくれただろうか。中にはまったくその作業に関心を示さず、非‐一貫性をそのままに置いておくことを望んだ語り手もいたように思う。また、聞き手の「私」はいつなん時も非‐一貫性の存在を許さず、それを一貫性へと置きかえる作業に前のめりに突き進んだだろうか。どうもそうではないように思える。同じインタビューの中でもある瞬間、この非‐一貫性をそのままにしておきたいという自分が、たしかにいるように思う。だから、内的一貫性の概念はライフストーリー研究にとって極めてパワフルで重要なものだが、それを絶対化してしまうのも危険であろうと考える。それは、語りにおける一貫性の非‐生成という、もう一つの豊饒な世界を取り逃してしまうおそれをなしとしない。

以上に述べた違和感を、少し抽象的レベルに敷衍すると、それはライフストーリー研究がしばしば陥りがちな、「意味への病い」の問題として捉えることができる。もともとライフストーリーと意味概念とは、切っても切り離せない関係にある。ライフストーリーとは主体の意味世界を開示する実践であると言われ、人生上のできごとの意味生成に共同で携わることであるとされてきた。ライフストーリーにそうした局面が存在することは間違いないが、それがあまりに強調されたとき、われわれは意味の虜になり、意味の牢獄に閉じ込められることになる。その愚を徹底的に笑い飛ばす営みを、たとえばサルトルの哲学小説『嘔吐』に見出だすことができる。

> 人が生きているときには、何も起こらない。舞台装置が変わり、人びとが出たり入ったりする。それだけだ。絶対に発端のあった試しはない。日々は何の理由もなく日々につけ加えられる。これは終わることのない単調な足し算だ。……結末というものもない。一人の女、一人の友人、一つの町との訣別が、たった一度ですむことは絶対にない。それに、すべてが互いに似ているのだ。(Sartre 1938=2010: 69)

サルトルは続けて「生を物語ること」について語るが、これはそのままライフストーリー論として読める。

> けれども生を物語るとなると、いっさいが変わる。ただしそれは、誰も気づかない変化だ。その証拠に、人びとは真実の話を語っているからだ。あたかも真実の話というものがあり得るかのように。出来事はある方向を向いて起こり、われわれは逆の方向に向かって物語る。たしかに、発端から始めているよう

には見える。「それは一九二二年秋のある美しい夕方のことだった。私はマロンムで公証人の見習いをしていた」と。しかし実は結末から始めているのだ。結末はそこにあり、目には見えないが現にその場に存在している。このいくつかの言葉に発端の持つ厳めしさと価値とを与えるのは、結末である。……そして話は逆方向に進行する。各瞬間は互いに行き当たりばったりに積み上げられることをやめて、それらを引き寄せる物語の結末によってくわえこまれる。そして今度はそれぞれが先立つ瞬間を引き寄せる。

(Sartre 1938=2010: 69–70)

『嘔吐』の無類の面白さは、無味乾燥な現実世界が主人公ロカンタンを圧倒し、彼が結果に向かって進む、意味の充満した「冒険」譚の世界に耽溺することを許さないこと、すなわち「生きられた生」が圧倒的な力で「語られた生」を打ちのめしていくところにある。「無意味」が「意味」を木端微塵に打ち砕いている、と言い換えてもよい。このように『嘔吐』は意味という概念を重んじるライフストーリー研究者にとって、いささか毒が強すぎる作品である。だが、意味生成による世界の秩序化という局面の過剰な強調をいましめる「薬」として、それをわがものとすることもできるのではないか[1]。

では、かならずしも内的一貫性の共同構築がその中でなされたわけではないライフストーリー・インタビューのデータを、実証主義的冷笑に逆戻りすることなく、どのように読み解くことが生産的であるかを、具体例に即して考えていってみよう。『嘔吐』の不条理の哲学を懐にいれつつ……。

2　事例とその背景

西氏（仮名、高知市在住）のプロフィールは、いわゆる被差別部落出身者のそれとはかけ離れている。それればかりか、当時としては稀な上昇異動を達成した「夢」の体現者と言えるかもしれない。戦後、高知県において中学校を中心に長期欠席（長欠）問題が顕在化し、特に被差別部落の子どもにそれが傾斜して現れていた（倉石 2009）。西氏もまた中学校の二年間、完全な「長欠児」として、学校教育から疎外されていた。それが中学三年になった一九五〇年、高知県下で実施された福祉教員制度のもと福祉教員の恩恵を受け、今日で言う教育－福祉的支援により通学を回復した。卒業後、高校進学はせず建設労働者として数年働くが、将来性を考えて一念発起し独学を開始し、その甲斐あって大検を経て県立短大（夜間部）に進み、国家公務員に採用される。四国法務局で人権擁護等の仕事に携わり定年退職したあとは、司法書士の事務所を開いている。

かつて「長欠児」だった西氏に支援の手を差しのべた福祉教員が、のちに解放教育の父と呼ばれる谷内照義であった。私はこの谷内をはじめとする、福祉教員たちの軌跡を追う研究を進めている過程で、西氏を紹介された。二〇〇八年二月と二〇〇九年八月の二度、高知市内の西氏の事務所を訪ね、インタビューを行った。そのインタビューは構造化せず、自由に語ってもらうナラティヴインタビューの形式をとってはいた。ただし、仮にライフストーリーを「生＝ライフの全体性」の探求と定義すれば、西氏の「ライフストーリー」を聞くことを必ずしも趣旨とはしていなかった。むしろ主眼は、「長欠児」として「就学督励」を福祉教員から直接受けたという経験、特に福祉教員の中でも最も華々しい成果をあげたとして注目を集め、立志伝中の人物と言える谷内照義との生身の関わりにあり、それらに絞ったピンポイントの歴史的証言を得ることにあった。しかしながら、そうした歴史的証言を得ることを主眼としたインタビューであったとしても、特定の「あのとき、あそこ」に押し込めるのが不可能な、西氏の「存在の全体性」の影を随所で感じることができた。その意味で、このインタビューをライフストーリーの一つの事例として扱うことは可能であると考えている。

本稿では以下、この西氏とのライフストーリー・インタビューを、一貫性の生成／非生成という観点から読み解いていきたい。

3 事例と分析1 西さんの「長欠児」当事者経験の語り

――「呼び出し」をキーワードに

西さんはインタビューが始まると、こちらの挨拶もそこそこに、いきなり核心部の語りを始めた。その間インタビュアーである私はほとんど口を挟む余地もなく、ひたすら耳を傾けるのみであった。高知訪問中に急にバタバタと会見が決まったこともあり、西さんがどういうプロフィールの人物なのか、お目にかかるまで正確には分からなかった。部落解放運動に関わってこられた方だということ、谷内照義氏を間近でよく知っていること、ぐらいがおぼろげに分かっていたことだった。だから西さんの口をついて出たストーリーが、まさしく長欠問題の当事者（長欠児）の立場からのものであることが分かって、私は唖然としながら聞くしかなかった。

部落における長欠児の家庭背景については、貧困や教育についての無理解など、いわゆる部落の「低位性[2]」が一般に指摘されている。しかし西さんは、自分の家庭の事情を、「おなご手（女手）の不足」という言葉で語った（以下、Nは西さん、＊は筆者、hhh は笑い、（　）は聞き取り困難な部分を表す略号である）。

N：七人きょうだいで三人まで亡くなりまして、それで四人で。一番上が長男、あの兄で、中に二人姉がおって、私が末っ子だった。それで、まあ口減らしと言おうかねー、中の二人の姉は、一五、六で嫁いでいきまして、私一人になって。と、兄と父が、まあ力仕事、日傭みたいな仕事に出て。で母が病弱だったもんで、あのー病気だったもんで、それで祖父が亡くなって、祖母が家来て、（　　）。で、看病する人がいない。私が、その看病について、それから炊事、洗濯、それから病院へ（　　）。いうようなことになって、その関係で、家が困ったために、炊事もせないかんかったです。まだ中学校。だから中学校の一年、二年、三年の一学期、の頃まではずーと、長欠だったです。

そして、「ある日のこと」という言い方で、ストーリーがここから展開するというサインが示される。ここから、福祉教員との関わりの物語が始まる。

N：それで、ある日のこと、市役所から、そのー手紙が来ましてね。ほんで、朝倉の支所へ呼び出しの、父親の呼び出しの、手紙が来たんです。で何事かーおもって、父が、仕事休んで朝倉の支所へ行ったところ、で帰ってきて僕に言うのには、今日支所へ行ったら、支所長と、たに、谷内先生がきちょってね、で、あんたところの息子さんは、そのー義務教育の学齢期であるのに、そのー学校へ、えー出てないが、何か学校へ、おこせない事情があるのかいと訊かれて。で、ま今までそのー、親の看病やらいろんな関係で、おなご手がないのでよくあの子に、それをさせよったけど、兄がちょうど嫁さんもうて間もない頃やって、で兄が嫁もらったから、ほんでまあ明日から、学校へ出しますいうて帰ってきたき。ほんでお前、せやから学校行きよと言われたんです。それが中学校三年の一学期の終わり。

上記の引用部分で、「呼び出し」という言葉が使われていることが興味深い。この「呼び出し」のエピソードは虚心坦懐に読めば、子どもを学校に出さない家庭に対して役所から、最後通牒のようなかたちで西さんの父親に呼び出しが来て、その指示に従った。また「長兄に嫁が来る」ことで家庭事情もちょうど好転した矢先で、スムーズに就学が実現したというストーリーである。そこに示されているのは、かなり頭ごなしで官僚的、権力的な行政の姿勢であり、のちに定説となるような、部落の人びとの思いに寄りそう社会救済家としての福祉教員の面影はうすい。そもそも福祉教員は「クツ減らしの福祉教員」の異名をとるように、日中から地域（部落）を歩き回って家庭訪問を重ね、長欠の原因をさぐりながら一つ一つ問題を解きほぐしていく実践家として、私は理解してきた。だから、「呼び出す」のでなく訪問者として、長欠児を「呼びに来る」のが正しいのではないか。西さんと関わりをもった福祉教員の谷内照義自身も、晩年に高知県部落史研究会による聞き取り調査のなかで、長欠児訪問の様子を次のように語っている。

その当時の日常的な生活活動というのは、早朝に起きて不就学の生徒の家を廻りました。その当時は僕は自転車もなかった。勿論自動車じゃいうものもなかったき自動車も持っちょらざったが、私の長兄が古の自転車を持っちょってねえ、車体は八インチ、二八かな。その車体へ二六インチの自転車の輪をはめて、おかしいわのう、大けな車体に小さい輪をつけて、それでも結構に乗れたがね、それを貰うて毎

朝早朝に行て廻って、「学校へ行けよ、行こうや」と誘うたわけですねえ。（高知県部落史研究会 1994: 79–80）

谷内自身の口が語った福祉教員像は、オーソドックスなイメージとも重なるもので、いずれにせよ召喚された長欠児の親を役人とともに役場に待ち受け「事情聴取」する、という姿からは遠い。しかし西さんは、私には違和感の残る「呼び出し」という表現に強いこだわりを見せている。たとえば二回目のインタビューで、私との間にこんなやり取りがあった。

＊：あのー去年うかがった、そのー谷内先生が、こー
Ｎ：呼び出し
＊：呼びに来られた
Ｎ：休んで、そのあとで、一学期の終わりごろに、出て行くんですが

「谷内先生が、……」という私の言いかけに、西さんは自らターンをとって「呼び出した」と続けた。それにふたたび私が、「呼びに来られた」と修復（リペア）の発話を行っている。だが、このリペアは結果的に成立していない。西さんがそれを承認せず、受け流しているからである。

ここで私が行おうとし、挫折したリペアの試みは、一貫性の概念で解釈することができる。私が目指したのは、外部に存在する福祉教員像（谷内照義像）と、西さんによって語られたそれとの矛盾・ずれを克服し外的一貫性を生成することであった。私にとって、「呼び出す」という言葉に象徴される、官僚的で

尊大な姿勢は、福祉教員に帰属させてはならない属性だった。このように、対話的構築主義の立場を意識してインタビューをしているつもりでも、知らぬ間に外的一貫性の磁場にはまってしまっているケースは少なくない。また西さんにとっては、私が設定しようとした外的一貫性の磁場を拒否することが、そのまま内的一貫性を生成する実践ともなった。ここで想起したいのが、長欠問題を招いた家庭背景を語る際に、西さんが部落の「低位性」を想起させる語彙を遠ざけ、代わりに「おなご手不足」という表現を用いたことである。このことと、あくまで自分は行政権力に「呼び出され」と語ることとの間には、内的一貫性が構築されている。自分たち家族は、福祉教員に代表される教育・福祉エージェントが窮状を見かねてやってきて救済を受けたのではない。救済の対象ではなく、就学義務を果たせ、という行政機関からの冷酷な要求にもきちんと応じたのだ、ということだ。

ただ さらに注意が必要なのが、家庭事情を「おなご手不足」と語り、福祉教員に「呼び出された」と語ることで内的一貫性を構築するかたわら、西さんは当時、自身が置かれた生活環境を決して楽なものだったとは語っていないことである。たとえば次の、学校に着ていく衣服に関する語りを引こう。

N：まあ当時、そりゃー行くはいいけど、きいて行く服がのうてね。ほんで hhhh 二着だけしかなかったですよ。いずれも（　　　）、破、あちこち穴があいとんですわ。それをどれ着ていこうか思って、しばし迷うて。まあ二つのうちの、良さそうなんが、穴があいてるから、その似たような切れ端を、残してあったから、似たような（　　　）をはさみできってですね、自分でこー縫うて、隠してですね、草履を履いて、朝倉の中学校へ出て行った思い出ありますよ。

学校に着ていく服がないエピソードを語ることで、今度は西さん自身が、語りの一貫性にくさびを打ち込んでいるのである。あくまで「おなご手不足」が家庭事情としながら、しかし学校に着ていく服にも困っていたというのだ。この非－一貫性を私は敢えて触ろうとせず、そのままにした。
　さて次の語りの引用は、中学校に初めて登校し、普通学級に入る前のいわば予備教育を受けたという内容である。

N：そして出て行ったら、一〇人近い生徒が、朝倉の中学校の校庭へ、集まっちゅうんですわ。と、みんな同和地区の人。ほんで、かってこう、小学校時分に顔を合わせちゅう、面影があるんですわ。それが、校舎の窓からみーんな一斉に、外向いて僕ら眺めよるんですわ。あれまこと小学校時分におったなーってなふうな、みんなこう、言うわけですね。ほと僕も見上げて窓を見ると、まあ、ああの子は小学校時分に一緒やったなーというふうにこう、こうみんな見えるわけですね。まあそれで、ちょっと、恥ずかしい思いもしながら、今度、三年のA、B、Cと3つクラスがある。そのなかの、そのー、別にD学級というのを作りましてね、谷内先生が一週間、あるいは十日ぐらいだったかな、あのーD学級で、その、出てきた生徒を集めて、それで、そのーかけ算やら、足し算引き算かけ算、これなんかを教えてくれました。まあいわば小学校三年程度なんです、それを教えて下さって。それから各ABCの三つのクラスへ、みんな、分散してから、入れたんですね。で、そしてまあ、私はもう、中学校の卒業証書もらって、卒業したんです。

福祉教員である谷内が特別に編成したこの「D学級」の話題は、特に私の関心をひくものであった。というのも当時の福祉教員の仕事は、長欠児を学校に「復帰」させることで終わるものでなく、彼／彼女らをスムーズにクラスに戻れるようスタートアップの補習をし、学校生活を軌道に乗せることまでがその仕事に含まれていたからだ。

私はこの特別な学級での西さんの経験について、二度のインタビューのいずれにおいても質問した。以下の引用は前述二回目のインタビュー時のもののつづきである。

＊：あのー去年うかがった、そのー谷内先生が、こー

N：呼び出し

＊：呼びに来られた

N：休んで、そのあとで、一学期の終わりごろに、出て行くんですが

＊：でーあのー三年D組っていうのを

N：そう、C組、D組を作って、それからABCを分けて

＊：そのー特別学級を作って

N：二週間。一週間か二週間ばーあったですよ。

＊：あーそれが六月か七月かで？

N：そうすね。六月か七月。七月やね。だから成績はもー見事なもんですよ。うん。オール2が。おやじが、あのー民謡の、高知県の、指折りじゃったんで、それで僕も、その音楽の表現だけはですね hhh。

＊：優ですね。

N：優で、今でも演歌が好きで唄いますが。

＊：あーそうですか。で特別学級みたいなのは二週間ほど
N：一週間か二週間
＊：今度は夏休み明け二学期からは
N：いや、一学期の終わりには分けましたね。
＊：はあはあ、一学期の終わりにはその、普通の
N：うん、一週間ぐらいじゃったと思う。みんなほら、平等に、みんなの中へ入れて分け隔てなく。うん。ほんで、英語と数学だけもう、まったく基礎がないからできない。最初が、捨ててかかっちょるから。
＊：それじゃ、英語と数学の基礎をこー急いで補うために、そのD組っていうのが
N：いや、もう捨てちょったきにね。ほんで力入れたのは、国語、社会、理科ですわ。ほんで、主要科目の中で。ほんで、特に、国語は、この＊＊＊先生っていうたら国語の先生でしてね。ええ先生でしたがね。

西さんの場合「特別学級」で過ごした時間はごく短いものであり、そこでの経験はさほどの重みを持つものではなかったようだ。その一方で、上のやり取りから読みとれるのは、聞き手の私が「特別学級」という言葉を二度用いているのに対して、西さんが一度もその語を自分では使わず、そのかわりに「みんなほら、平等に、みんなの中へ分け隔てなく」と語ったことだ。特別学級という言葉は特殊学級、すなわち障害児の学級を想起させる可能性があり、長期的、恒常的な場をイメージさせる。しかし西さんがここで強調するD学級の実態はむしろ、積み重ねの必要な教科は「捨てる」ことを長欠生徒に強いてしまうほどに、脆弱《ぜいじゃく》な救済力しかもちえなかったことである。

4　事例と分析2　上昇移動のストーリー？
──「わたくしごとで恐縮じゃけれども」

中学卒業後の西さんの軌跡を語った語りは、見方によっては「上昇移動のストーリー」と目せるかもしれない。中卒、建設労働者（「土方」）から出発し、独学での大検合格、短大卒から国家公務員（法務局）へ、退職後に司法書士事務所開設という歩みは通常そのように解釈されることが多いし、まして同和対策事業以前に成人年齢に達した部落出身者のキャリアとして、それは異彩を放っている。ともあれ、まず高校進学「断念」からの語りを追ってみよう。

N：もうみんな、あの当時、全員入学だったんです、高知県は。全員入学。だけど、高校行きたくても、行っても数学が分からないんですよね。国語や理科やら英語は、いや国語や理科やらそれから社会科は、基礎がのうてもまあある程度覚えられるけんど、数学じゃ英語は一年からちゃんと、基礎がないと、ついていけない。それで、進学はあきらめて。それから、中学を卒業すると、土方、したですね。それから、三年か四年ぐらい土方をしちゅうときに、これ、もうほんと、毎、明けても暮れてもおんなじような日々でしょ。ほんで、これで、こういうことが一生続くろうか思ってね。去年はこうじゃった、今年もこうじゃった、一昨年もこうじゃったというふうに、やっぱりこう、おんなし繰り返しですから。これでは、まあ結婚もできないし、しても子どもを（　　）しないし、いうことで何とかこう、日々決まった、こうあの、土方というのはまあ、雨が降ると（　　）で、仕事できないですよね。ほんで、収入が不安定ですよね。

インタビュー当日私は、司法書士事務所を構え、雇っている事務員から「先生」と呼ばれている西さんと出会った。その姿は威厳に満ち、ついついインタビューの中で私自身も「西先生」と口走ってしまったほどだ。その西さんが過去において「土方」をしていた」というのは軽いショックですらあった。ショックとは、語りのなかで突きつけられた非‐一貫性に対して私が感じたものであり、それは強い一貫性への希求を誘発した。一体この人の過去に、何があったのだろうか。それを示すのが、一回目のインタビュー時、西さんのワンクールの語りが終わり、お茶が入って写真など見せてもらいながら空気が緩んでいたその時、前後関係をまったく無視して私が突然発した「土方」時代のエピソードを尋ねる発話である。

［両者、谷内氏の写真に見入っている］
N：これはまだ僕が（　　　）ちょった時の写真。hhhh
＊：おー
［間］
＊：工事はいろんなところで、あったんですか？
N：え？
＊：その、土方のときの、工事は
N：ええ、もう県下ずいぶん、飯場暮らしもやりましたよ。ええ。ほうぼうへ行って。ダムの、なにから始まってね、ずいぶん、行きました。〃間〃えーと、卒業アルバムなんか、なかったかな。コピー、焼いてあげましょうか？　これらはいいですか？　拡大してコピー焼くこともできますけど。
＊：あ、そうですか。そしたらぜひお願いします。

N：焼いてみましょうか。

＊：そうですね。

この引用部分から分かるように、私の一貫性構築への呼びかけはまったく空振りに終わっている。西さんの応えは素っ気ないものだった。西さんにとって私の質問が不審の念を呼び起こしたのは、西さんにとってはこれまで語ってきたライフストーリー自体が絶え間ない一貫性構築の試みだったのに、なぜ再度一貫性の構築を求められるのか理解できないからにほかならない。たとえば次の引用にある、先の見えない生活への不安から脱却すべく始めた、西さんの「独学」のエピソードが、一貫性の構築に該当する。

N：ほんで、月々決まった給料得られるようなところで就職したい、いう風なことを考えたけども、第一、学歴がないでしょ、中学卒、の資格だけしか。実力がともなうてない。それから、高校出てもなかなか就職がない時代、非常に厳しい時代だったですね。まあ、これではいけないが思うて、わたくし事で恐縮じゃけれども、まああのー、独学始めてね、とにかくもー、そのー高校行った友だちらーとおうても卑屈な思いせないかん、それから、自分は語彙が少ないから会話がうまくいかないんですね。それで、これじゃなんとかいかん、せにゃいかんと思ううちに、もうそうだ、学歴は、必要ないと、学歴は（　）のバロメーターではないんだから、もう自分でしっかり、独学して勉強して、大学出た人らとも、対等に話せる人間になりたいと、そう思って独学を始めて。その独学したのがよかったんでしょうね、のちにまあ、大検制度というのがあるのを知って、で大検に受かって、昼間は学校に行けないので、高知に短期大学という県立の大学、ここは夜学ですけど、そこに、私のま恩師になった、そのー元、外交官だった……Tという国際法の先生がおって、でその人の講義が上手で、私うんと、国際情勢も、まあ広いグローバルな物事を見るのにええって、ほんで一所懸命、その人に、まあ指導教官なってもろて勉強して、ほんで、短大二年のときにえー国家公務員の中期試験で法律試験っていうの、それで合格しまして、……で法務局へ就職したんです。それで、どこでも一生懸命勉強させていただいて、人権擁護課で人権擁護の仕事もしたり、それから、訟務部門、訟務課いうてね、国の訴訟を担当する、そういう仕事にも、（　　）、一〇年近く、国の弁護をやって来ました。そうやったりしてこう、いまこうして退職して司法書士やってるんですけども。

この「独学」、そして恩師との出会いのエピソードの語りは、西さんにとっては内的一貫性構築の作業であったかもしれないが、聞き手の私にとっては新たな非‐一貫性の生成として現象した。同じ語りが、語り手にとって一貫性の構築としての意味を持ちながら、聞き手にとっては逆に非‐一貫性の生成として受け取られるという、リアリティの乖離が発生しているのである。

ところで、この語りのなかで、わざわざ西さんが「わたくし事で恐縮じゃけれども」とことわっていることが興味深い。この「わたくし事」発言は、たとえばその前段で福祉教員・谷内との関わりを述べる中で「呼び出し」という表現を使って、福祉的救済の対象ではなかった自分を強調したくだりと、この「独学」エピソードを結びつけてとらえよ、という一貫性構築のシグナルであると解釈できる。福祉教員に関する一般的議論（定説）では、社会の歪みのなかで見捨てられていた子どもたちに目を向け、その救済を行ったからこそ、のちの学校社会事業、児童福祉、同和教育の先駆けとしての位置づけがなされている。しかし西さん自身はそうした一般的枠組から外れており、独力で逆境を乗り越えるほどのバイタリティを備えていた。「わたくし事」とはその個別性の謂いであり、「恐縮」とは、福祉教員の歴史を追い、そうした定説の再生産者として西さんの前に現れた私に対してこそ向けられた言葉であった。また、同じ境遇に置かれた誰もがそのようなことが可能なわけでもなく、あくまで個別事例に過ぎないと強調することで、外部に存在する部落問題に関する一般的理解や知識とのギャップに、架橋をしたと解釈することもできる。

だがそう言ったからといって西さんはなにも、自助・自力更生ぶりをただただ聞き手に押しつけているわけではない。福祉教員との出会い、その働きかけがなければ、いわゆる部落の「低位性」のなかで、その秘めた力を発揮するきっかけすら掴めなかったことを、認めているのである。短大における恩師と並んで、谷内との出会いがなければ「いまの自分はない」との以下の語りは、そうした気持ちの表明である。

N：あの、振り返ってみましてね、やっぱりあの、谷内先生というあのお方が、この同和地区というものに対する、自分の思い、そしてそこに住む人びと、そしてその子弟、子どもをですね、に目を向けて、自分が教員としての教育の立場で、何ができるか、で学校でただ教えるだけじゃなくて、この、自分らと同じ、出身の地区の、子どもをなんとか、せないかんがと、いう思いがですね、ぼくら長欠児童をなくそうと、ほんで出席督励でですね、学校へ、就学させるようにしようと。で休んだりしたらすぐに連れに来よったですね。そうやったりしてずーっと、やって下さったですね。ほんであの先生がいなかったら、いまの僕はいない。うん。僕にとっては、恩人の一人です。

ここでもまた、これまで構築してきた一貫性に対して、自身の手でくさびが打ち込まれているのである。これまで西さんは、「わたくし事」として自らの例外性を強調し、一念発起して勉学に励み、いわゆる上昇移動を遂げたストーリーを語ってきた。その一方で、「あの先生がいなかったらいまの自分はない」と、救済者としての福祉教員の存在の大きさを語っている。ここには、非－一貫性の生成をみてとることができる。しかしこの非－一貫性を前にして私は、前述の「土方」の場面のように一貫性構築への衝動を抑えきれないということはなかった。むしろ素直な気持ちで、その前に立ちつくそうとしていた。

ライフストーリー・インタビューの中でときに、矛盾やずれをそのままにして置きたい気持ちがふと湧き上がってくるのはなぜなのか。結びにおいて、最後の考察をしてみよう。

5　むすび——不条理の社会学としてのライフストーリー

西さんが福祉教員の谷内と出合ったのは一九五〇年、中学三年生の時である。しかし、その出合いは偶然であり、特に必然性はなかった。たまたま偶然、県による福祉教員配置が中学校最後の年と重なったというだけのことであり、何か一つ歯車が狂っていれば、三年間長欠状態のまま、いわゆる形式卒業で社会に出てしまっていたかもしれない。またたとえ、そうして福祉教員との出合いなく「卒業」していても、持ち前の負けん気を発揮し、石にかじりついても勉強し、同じようなコースを辿ったかもしれない。さらに言えば、同じように偶然の福祉教員制度の整備が間に合い、学校に引き戻されたA部落の「十人近い生徒」の誰もが、西さんのような生き方を辿ったわけではなかっただろう。谷内はかれらについて、「みな今の私よりずっとえい（良い）生活をしゆうねえ」と述懐していたが（高知県部落史研究会 1994: 98）、それは額面通り受け取るわけにはいかない。その中の何人かは、部落のいわゆる「低位性」に呑み込まれ、西さんとはかけ離れた生活を結果的に選び取ったかもしれない。いずれにしても言えることは、福祉教員という制度的ケアがたとえ等しく講じられても、その結果のあらわれ方には非常に個人差があり、一様でないということである。ここに一つの不条理をみてとることができる。このように考えると、西さんの人生をかくあらしめた「要因」をいろいろと探ることよりも、いまこうして私と二人、向かい合って話している存在の不思議の方に心ひかれる。ライフストーリー・インタビューやそれに基づく研究ではこれまで、桜井厚に代表されるように対話の徹底による内的一貫性の構築が目ざされてきた。だがその対話性追求の果てに、存在の偶然性、不条理性に取り組むワークという新たな地平が拓けてくると言うこともできるのではないだろうか。

一方で西さんは、「あの先生（谷内）がいなかったらいまの僕はいない」と、サルトルの言うところの典型的な「逆方向に向かっての語り」を行い、人生に意味と秩序を与えようとしている。また、「ある日のこと、市役所から手紙が来ましてね」という発端に始まるストーリーは、なるほどサルトルの言う「物語の結末によってくわえこまれ」たものに過ぎず、生きられた生の混沌や不条理がきれいに払い落され、整理しつくされたものかもしれない。それは「生きられた生」の正確な表象からはほど遠い。だがそれは、「生きられた生」の表象ではないかもしれないが、語りのなかのそこここに口をあけた矛盾やずれ、非-一貫性の存在によって、「生きられた生」のごつごつとしたてざわり、度し難さをたしかに伝えているのではないか。「あの先生がいなかったら僕はいない」と語った同じ西さんが、インタビューの別の箇所では「呼び出されただけ」、「おなご手がなかっただけ」と熱を込めて語り、自分の経験を「わたくし事」として、部落一般のそれとの非連続性を強調する。インタビュアーとしての私は、あの手この手で非-一貫性を一貫性に置きかえようとしたが、最後にはこうした非-一貫性の前に肩の力を抜いて立ちつくした。それは存在の偶然性・不条理に取り組むワークということが、腑に落ちた瞬間でもあった。

たしかにサルトルが言うように、生きられる生の実相は「単調な足し算」の日々であり、「発端も結末もない」⑴、すなわち意味というものがない「余計なだけのもの」かもしれない。だが私たちはロカンタンのように不労所得に恵まれてもいないし、世捨て人を気取る余裕もない。この世に棲まい続けていくしかないのだ。その一方で無意味という不毛の大地に意味を打ち立てるのは、いかにも砂上に楼閣を築くような無謀な企てだ。だがそんな無謀な企てに、私たちはいつも消耗しているわけではない。案外もっと淡々と、飄々と、不条理をやり過ごしている場合も少なくない。それを「自由」と呼んで何の支障があろうか。ライフストーリーのなかに現れた矛盾やずれ、非－一貫性を前にしても、それを一貫性に置きかえる衝動が消え、丸ごとそれを受け止めたいと思った瞬間、私は西さんとこの自由を分かち合った。

【注】

（１）「不条理の社会学」の構築を目指すライマンとスコットらの仕事は、同じ方向性を目指している。ただその議論の要点は、人間社会に遍在する期待と現実との「裂け目・壊れ・ギャップ」に対して、アカウンツという言説実践によって不断の秩序修復がはかられることの強調にある（Lyman & Scott 1970/1989: 112）。この議論もまた、「意味への病い」から抜けきっていないと考えられる。

（２）部落問題に関する議論において、一般地区との間に存在する厳然たる格差の総体を指して、「低位性」の言葉がよく使われてきた。またたとえば、居住面における低位性、教育水準における低位性、といった個別の領域ごとの問題を指すのに使われることもある。

【参考文献】

高知県部落史研究会編（1994）『流れるま、に』平和プリント
倉石一郎（2009）『包摂と排除の教育学――戦後日本社会とマイノリティへの視座』生活書院

Lyman, S. M. & Scott, M. B.（1970/1989）*A Sociology of the Absurd.* Rowman & Littlefield.

桜井厚（2002）『インタビューの社会学――ライフストーリーの聞き方』せりか書房

Sartre, J. P.（1938）*La Nausée.* ＝鈴木道彦訳（2010）『嘔吐［新訳］』人文書院

第9章 〈対話〉への挑戦
――ライフストーリー研究の個性

石川良子

1 はじめに――「対話的構築主義」ではなく「対話的構築主義」

ライフストーリー研究の個性とは何だろうか。桜井厚が『インタビューの社会学』を発表してから一〇年以上を経て、ライフストーリー研究は質的調査の主要な方法のひとつとして認知されるに至った[1]。しかしながら、ライフストーリー研究ならではのものは何かというと、それほど明確にされていないように思う。

ライフストーリー研究の課題は、インタビューで語られたライフストーリー、すなわち「個人が生活史上で体験した出来事やその経験についての語り」（桜井・小林 2005: 12）から、語り手のライフ（人生、生活、生き方）を描き出すことにある。この課題を達するうえで、ライフストーリー研究は語り手だけではなく調査者の経験にも焦点を当てる。これはたしかに他の調査研究と差異化できる点ではある。では、なぜ「調査者を調査の重要な対象」（桜井 2002: 9）とみなすのか。対話的構築主義の立場からは次のような答えになるだろう。それは「インタビュー過程がインタビュアーと語り手の共同的な構築過程」（桜井 2002: 139）であり、「語りは過去の出来事や語り手の経験したことというより、インタビューの場で語り手とインタビュアーの両方の関心から構築された対話的混合体にほかならない」（桜井 2002: 30−1）からだ、と。

だが、このように構築主義に依拠した説明は、かえってライフストーリー研究の個性を弱めているように思う。構築主義的視点の導入は言ってみれば一九九〇年代後半以降の学的トレンドであり、もちろんそれに乗ることで明確にできた点もあったわけだが、その一方で構築主義的研究としては不十分であるという批判を呼び寄せることにもなった（序章を参照）。むしろ着目すべきは、桜井が自らの認識論的立場をわざわざ「対話的構築主義」と称したことである。石川（2012）では、桜井（2002）に「構築」と並んで頻出する「主体」というキーワードを手がかりに、この「対話的」なる語に込められた意味を探った。

桜井（2002）の冒頭には次のような一文がある。「人びとのゆたかなリアリティだけでなく、インタビューの相互行為のやりとりで、私たちがインタビュアーとしてある構えをもつ「主体」であると同時に人びとが語りを操る「主体」であることを経験的に味わってほしいのである」（桜井 2002: 12）。従来、調査者は研究の「主体」で、被調査者である語り手は研究の「客体」だとみなされてきた。しかし、両者はともに「主体」であると桜井は読者に呼びかける。これは次のように噛み砕くことができる。伝統的な社会調査論は、調査者が価値判断や先入観を持ち込むことを禁じてきた。だが、現実には特定の語りを引き出そうとする「構え（志向性）」（桜井 2002: 167）から逃れることはできない。他方、語り手も調査対象として一方的に選び出されるわけではなく、自らの目的や関心のもと依頼に応じ、自らの語りたいように語ろうとする。つまり、両者がともに「主体」であるとは、どちらも価値観や利害関心や感情を持った存在であるという、日常的な感覚からすればごく当たり前のことを意味している。したがって、インタビューとはまずもって「主体」同士の出会いである、ということを前提に語りは読み解かれるべきだ。このような主張を、私は「対話的」なる形容に読み込んだのだった。

また、語り手と調査者の双方が「主体」であるという観点からは、インタビューは両者のせめぎ合いとして立ち現れる。調査者はたいていこのせめぎ合いを困ったこととして経験する。自分の思惑を超える語り手の言動や振る舞いに接し、聞きたいことを語ってくれないことに焦りや苛立ちを覚えたり、あるいは自分の思い込みや偏りに気づかされて愕然としたりすることは、まったく珍しくない。しかし、インタビューはこのようにネガティブな経験に埋め尽くされているわけでもない。こちらの都合で調査への協力を依頼したにもかかわらず、「話を聴いてもらえてよかった」と思いがけず感謝の念を伝えられたり、語り手自身が合点のいっていない出来事について質問を重ねつつ話し続けているうちに「これはそういうことだったのか」と互いに顔を見合わせたりするなど、喜びに満ちた瞬間も訪れる。

インタビューとは泥臭いものだ。その泥臭さを殺すことなく、むしろ活かすことによって語り手の経験を理解していこうとするところに、私はライフストーリー研究の魅力を感じてきた。そして、そこにこそ個性があると思っている。しかし、「構築主義やエスノメソドロジーなどの理論的視点は、たしかに調査者と調査協力者の出会いの場であるインタビューそのものに私たちの目を向けさせることには成功した」が、その一方でインタビューが生身の人間同士の出会いであることを見えにくくしてしまったのではないか（石川 2012: 7）。そこで本章では構築主義的視点からいったん距離を取り、インタビューの泥臭さにこだわって、ライフストーリー研究の個性とは何か、どうやってそれを活かすことができるのか考えたい。

2　インタビューを〈対話〉に高める

2-1　〈対話〉としてのインタビューの可能性

インタビューは「主体」同士のせめぎ合いであり、そのことについての実感を〝泥臭さ〟と表現したわけだが、調査者の「聞く耳」はこのせめぎ合いを通して育てられる（桜井 2002: 171）。語り手との間に生じた齟齬は自らの暗黙裡の想定を炙り出すきっかけとなり、自分が何を聞けていて、何が聞けていなかったのか知ることにつながる。[2] そこから相手の現実をより鋭く深く感受できるように「構え」が組み替えられていくが、全てを汲み尽くすことなどできるはずがなく、その新たな「構え」もやがて見直しを迫られる。この繰り返しを通して、相手が何を言わんとし、それを語ることにどんな意味があったのか徐々に認識が深まっていくのである。

この過程において、人生観や世界観が覆されるような「地殻変動」（石川 2012: 7）とも呼ぶべき劇的変化が生じることまである。言うまでもなく調査研究におけるその変化の意味は、人間的成長といった観点から捉えられるべきではない。自己や社会や生に対する洞察が育まれ、語り手の経験を深く理解できるようになるとともに、社会のあり方や個人の生き方について新たな視点や認識を掴み取ること。その意味はここにある。語り手の経験を理解しようとするならば、調査者として語り手と相対した自分を問わずに済ませることはできず、その過程はときに調査者の自己変容をも伴うのである（山田 2011; 2013）。このような利害関心や価値規範の異なる者同士の出会いに始まる生成性・創造性に富んだ往還は、〈対話〉と呼ぶにふさわしい。

インタビューは〈対話〉の可能性を備えたコミュニケーションであり、情報収集や実態把握の手段という枠に収まるようなものではない。まずは、このようなものとしてインタビューを捉えるところに、ライフストーリー研究の個性を求めることができよう。なお、「可能性を備えた」という右の表現は次のことを含意している。理解できないことを語る相手ではなく、相手の語ることを理解できない自分のほうを問い直さざるを得ない地点に至らないとすれば、そのインタビューを〈対話〉と呼ぶことはできない。つまり、ただインタビューを行っただけでは〈対話〉したことにならないと私は考えている。これを踏まえて次のように表現してみたい。ライフストーリー研究とはインタビューを〈対話〉に高めることへの挑戦である、と。

では、いかにして〈対話〉の可能性は引き出されるのだろうか。この点に関連して、インタビューは〈対話〉の起点であり一局面と捉えられることを補足しておきたい。相手が何を語っているのか了解され、示唆を得られるのはインタビューの最中とは限らない。むしろ、経験上ではインタビューを終えてからであることのほうが多い。テープ起こしをしているとき、トランスクリプトを読み込んでいるとき、論文を執筆しているとき――つまりはライフストーリー研究の過程全体にわたって〈対話〉は続く。さらに言えば、〈対話〉に終わりはない。インタビューを行って何年も経ってから、その場で聞いたり感じたりしたことが腑に落ちることは決して珍しくない(3)。

ただし、このような反省的思考は調査研究全般に求められるものだろう。ライフストーリー研究に特徴的なのは、その軌跡を記述する点である。そうすることの意義は、ひとつには記述する作業自体も〈対話〉の一部であることに求められる。佐藤健二は論文の執筆作業を解説するなかで、「「書く」ことは「考える」こと」だと強調している。「「書くこと」は、準備万端整ったあとに「書きおろす」こと」ではなく、「研究主体の内部で、考えそのものを「組み立てる」あるいは「創造する」ことそのもの」なのである（佐藤・山田編著 2009: 97–9)。したがって、語り手との直接のやりとり、およびそのやりとりを振り返る過程を記述することは、反省的思考をいっそう深めることでもある。と同時に、その記述は思考の道筋を読者に伝えることをも可能にする。理解したことだけでなく、なぜそのように理解できるのか同時に伝えることは、語り手の経験に対する読者のより深い納得の助けとなるだろう。

また、読者が自らの経験を重ね合わせる相手は、語り手だけとは限らない。インタビューに始まる一連の過程を通して語り手と向かい合い、その人を理解しようとした調査者の苦闘と試行錯誤に感情移入する場合もあるようだ[4](石川 2012: 8)。ただし、読者によっては語り手と調査者のどちらとも経験を共有できないことが当然ありうる。たとえば、拙著に対してこんな反応があった。当事者も親も支援者も、そして著者(石川)も学卒即就職というコースを重要視しているから「ひきこもり」が重大な問題になるのだろうが、自分はそのコースが大したものだとはまったく思えないので正直言ってピンとこない、というのだ。

たしかに私は、「ひきこもり」を問題化するまなざしの根底にある常識や価値観を私自身が相対化していく過程を、拙著における「ハイライトの一つとして意識していた。読者の多くも同様の常識や価値観に根ざして「ひきこもり」を否定的に評価していると前提していたからこそ、その葛藤に満ちた過程を開示することに意味があると考えたのである。さすがに読者の全てと前提を共有できるとまでは思っていなかったが、ここまではっきり言われてショックを受けなかったと言えば嘘になる。

そもそも読者と前提を共有できるかどうかという以前に、聞き手/書き手である私の見方が、語り手の見方と一致しているという保証はどこにもない。インタビューの場でそれなりにやりとりが続き、どうにか論文にまとめ、相手を分かったと思えた後でも、さらに調査研究を進めるうちに理解できない面が見えてきたりする。ただし、これは嘆かわしいことではない。自分の理解が及ばないことが何なのか分かってからのほうが、むしろ理解が深まったように思われ、また相手もそう感じるようなのだ（石川 2009 [2014]）。いずれにしても調査者である私にできるのは、何とか相手を理解しようともがき、そのつどの時点で、私が何をどのように理解したのか書いていくことだけだ。こうして格闘しながら認識を深めていく過程をこそ〈対話〉と呼びたいのである。つまり、インタビューを〈対話〉に高めるとは、とりもなおさずインタビューでの語りを理解するということにほかならない[5]。

2-2　語りを理解する――文脈の重層化

ライフストーリー研究の目指す理解とはどのようなものか。社会学の蓄積を参照して理解概念を論じる余裕はないため直感的な表現に留まるが、ひとまず次のように捉えている。すなわち、語り手として目の前にいる人がどのようにして今のその人になったのかということについて、一定の筋道を与えることである[6]。また、序章で確認したようにインタビューを行う現在も視野に収めるライフストーリー研究では、調査者として目の前にいる私に、そのことをそのようにして語る意味は何なのか、ということにも目を向ける必要がある。これらのことを納得いくように描かねばならない。

では、具体的にはどうすればよいのか。私見だが、桜井の関心は語りをいかにして理解するかということよりも、たとえば「ライフストーリーの物語的構成」や「インタビューの位相」あるいは「語りのモード」など（桜井 2002, 2012）、語りの構造や様式を解明することにあるように見受けられる。そこで、以下ではライフストーリー研究における理解を論じた山田富秋（2011, 2013）を参照して方針を得たい。

山田によれば、ライフストーリー研究の追求する理解は「リフレクシヴな自己言及」を通して達成されるという。「リフレクシヴな自己言及」には「物語世界の（再）発見と、調査者の自己点検という二つの仕事」が含まれる（山田 2013: 123）。この二つは別々の仕事ではなく、調査過程や「構え」の振り返りが語り手の経験に対する納得を促すことは、前項で述べたとおりである。調査者は無色透明であるべきだという社会調査の規範に真っ向から対抗していることもあって、ライフストーリー研究と言えば、このように調査のもう一方の当事者である調査者の経験を重視するところばかりが強調して取り上げられてきたように思う。ライフストーリー研究に違和感を抱く人びとの目には、調査者の経験しか見ていないと映っているようにさえ感じられる。

しかしながら、単に調査者自身の経験や調査協力者と向かい合っているその場を振り返るだけが「リフレクシヴな自己言及」ではない。その検討を通して、調査過程で学んだインタビューでの語りを理解するのに必要な様々なこと、たとえば「その語りの埋め込まれたローカルな文化」（山田 2011: 111）や「当該フィールドの常識的な背景知」（山田 2011: 115）などを確かめ、読者にも共有してもらうことが重要である。また、いかなるインタビューも真空状態で行われるわけではない。それゆえ「調査過程についてリフレクシヴな自己言及的点検を行っていけば、おのずとそこには調査者としての自己の立場と、調査が置かれていた社会的・政治的文脈も明らかにされることになる」（山田 2011: 115–6）。

以上を踏まえて、ここでは「リフレクシヴな自己言及」を「文脈化」の作業として捉えなおしてみたい。小田博志はエスノグラフィーの特徴を、「事象をその文脈から抜き出すのではなく、それがもともと置かれていた文脈に位置づけること、つまり「文脈化」すること」に求めている（小田 2009: 37）。これはライフストーリー研究にも当てはまる。インタビューでの会話の脈絡、調査者の「構え」とそれを形成してきた個人誌的・学問的背景、インタビューを取り巻く社会的・時代的状況等々、いずれも語りを位置づけるべき文脈とみなせる。

また、年代や年齢、ライフサイクル、社会史的出来事といった時間的指標にしたがって語りを時系列に編集することは「「人生」をひろく他者にも理解可能にするための変換の作業」だが（小林 1995: 63）、これも文脈化の観点から捉え直せるだろう。さらに、この観点からは語り手の語ったことと史資料の照合といった作業も、事実性の確認のために行われるものではなくなる。複数の文脈を参照することにより、インタビューの時点に至るまでに辿ってきた道筋、そして調査者としての私を目の前に語り手として語っている現在を、多面的かつ説得的に描くことが可能になると考える。語りをより深く理解するとは、語りを位置づける文脈を重層化させていくこととして捉えられるだろう。

次節以降では文脈の重層化の実例として、今から一〇年以上前に行ったあるインタビューの一場面を取り上げたい。「ひきこもり」の自助グループに参加していたAさんへのインタビューで、私が修士課程在学中の二〇〇一年三月に行ったものである。当事者にとって「ひきこもり」とはどういう経験なのか明らかにすることを目的とし、引きこもる前後から現在に至るまでの過程を約二時間にわたって語ってもらった。そのうちAさんが引きこもり始めた時期を二人で特定しようとしている冒頭近くの約十分間を検討する。このやりとりを選んだのは、修士論文のために行ったインタビューのなかで最も話が噛み合わず、まとめる際もとくに苦労したものだからである。

このやりとりを主題にして論文を書くのは、実はこれで二度目である。一〇年前に初めて取り上げたとき私が考えたかったのは、調査協力者の経験ではなく、うまくインタビューできなかった調査者としての自分自身の経験だった。それを可能にしたのが、調査者は常に「インタビューに際して一定の構えをもっている」（桜井 2002: 171）というライフストーリー研究の視角であり、これを導きにしてAさんとのやりとりを反省的に記述したのだった（石川 2003）。これは必要な作業だったと今でも思っているが、その当時、あとには物足りなさにも似た不安が残った。結局のところ、フィールドで起きていることや、調査協力者が経験したことを描き出すには至らないように感じられたのである。

しかし、すでに述べた通り、「リフレクシヴな自己言及」で振り返るのは調査者自身の経験だけではない。また、インタビューを行って初めて論文にしてから一〇年以上が経過した今、参照できる文脈も変化しているはずだ。どれだけ文脈を重ね、どのような示唆を引き出せるだろうか。〈対話〉への再挑戦を始めよう。

3 〈対話〉に再挑戦する（1）

3–1 前半——「厳密にはもうここなんだけど」

Aさんと知り合ったのは「ひきこもり」の調査研究を始めてすぐの二〇〇一年初頭、「ひきこもり」が社会問題化してからまだ間もない頃である。精神科医やカウンセラー、民間支援団体の主宰者などによる関連書籍が続々と出版されていたが、それらを読んでも、実際に引きこもった人が何を思い、苦しみ、他者との関わりを持たずに長い時間を過ごしているのか知ることはできなかった。そこで、ある自助グループにウェブサイトを通じて調査への協力を依頼したところ、運営スタッフを務める三名の男性に会うことができた。その一人がAさんだった。それから数カ月後、改めて個別インタビューを申し込み、引きこもるようになる前後から調査時点に至るまでの経緯と、引きこもった背景や理由を中心に聞かせてほしいとお願いした。私が一対一で行った始めてのインタビューである。

すでに述べた通り、ここではAさんが引きこもり始めた時期を特定しようとしている場面を取り上げる。

図（年表形式のメモ）

このとき参照していた資料は二つ。ひとつは、Ａさんが初めて医師の診察を受けるにあたって自分の状態を説明するために作った「レジュメ」。Ａ４用紙で二枚にわたり、図書館で「ひきこもり」の関連書籍を読み漁って作成したのだという。もうひとつは、録音開始前に大まかな流れを確認しながら作成した年表形式のメモである（図）。これらをもとに話を掘り下げていくつもりでいたが、いざインタビューを始めてみるとまったく思惑通りにいかず、要点の掴めないやりとりが一五分ほど続くことになった。以下に引用するのは、その一部である（行頭の数字はトランスクリプトの行番号）。

　インタビューは、大学二年生のときに退学を考えたという話から始まった。Ａさんは中学から大学までエスカレーター式の私立校に通い、大学入学までは順調だったという。ところが、二年進級時の学科選択はじつに不本意なもので退学を考えるようになったのである。そんなある日、Ａさんは「雷が落ちてきた」かのような衝撃に襲われる。雨が降っていた六月のある日、自宅で過ごしているときだった。レジュメには「将来への不安は唐突にやってきた」と記されているが、そのときは「恐怖」に近いものを感じたという（1―18行目）。

　さて、ここまでの私は合いの手を入れるだけだったが、このあとは自ら質問を発して話題を転換した（19行目）。Ａさんが引きこもり始めた時期を特定しようとするやりとりは、ここからである。

I：うーん、でも、ま、緩やかにとは言え、引きこもり始めがこの旅以来でしょ？
A：うん、その前、前ぐらいかな。
I：だとすると、そこになるまでに三年ある、この間。（年表メモの九四～九七年を指している）
A：あのねー、サークルはまじめにやってたのよ。だけどまあ、実質三年で、引退だから、ここまで（九四年）は一応、あんまり、不登校とか、やって、学校行かなかったんだけど、この年（九五年）からは一応ちゃんと行くようになって、ここまでは一応（友達との）つながりとかあったんだけど、その次、まあ、この年に北海道じゃなくて、京都まで、神戸か、（バイクで）行ったんだけど、このへん（九六年）からだね、このへんから徐々に、四月五月くらいからあんまり、一応まあ、行かなきゃいけないから、週に、（授業が）一五コマくらいあったから、行ったんだけど、だんだん、ちょうどこの年（九六年）かな、（学校に）行かなくなって。
I：まず最初に学校に行かなくなって。
A：外には出てたけど、サークルとかには顔出さなくなってたし。
I：ほかに友達とかは。
A：それがね、サークル一本だったから、いたんだけど、ちょうどこの頃から、まあ、忙しくなって、大体四年になると、コマ（授業）がないから、（学校に）来ないじゃない。と、行っても会わないし、（・）で、大体皆、ここで（九六年）卒業していなくなるわけだから、この年（九七年）になるともう、留年した奴か、あとは一浪して入ってきた友達とかぐらいしかいないから、この年になると（・）といよいよあれで、まあ、しょうがなく、就職活動はしたものの、だから、えい、知らん、旅行に行ってしまえって感じで。

39　Ｉ：もう、すでにこの大学四年の頃から（引きこもり状態に向けて）走り始めてた。
40　Ａ：走り始めてた。うん。
41　Ｉ：ここ（九八～九九年）へ向けて。
42　Ａ：うん、厳密にはもうここ（九四年）なんだけど。
43　Ｉ：うん。ここの、将来への、その、うおっ！ドーンっていう衝撃から、でも、友達はいて。
44　Ａ：うん、その年はまだ良かったんだけど（・）ただ、これがすごく大事なことだって気がつく二
45　年ぐらい後だ、二年とか三年とか、もっとか。

まず、私は年表メモをもとに、Ａさんが「この旅」を境に引きこもるようになったことを確かめようとしている（19行目）。「この旅」については37―38行目で触れられており、就職活動を中断して出かけた旅行を指す。インタビューに先立って聞いていた経緯をまとめておこう。

二年生で退学を考えたＡさんだったが、退学後にやりたいことを見つけられなかったため、結局は大学に残ることにした。しかし、大学生活への意欲は取り戻せなかったらしく、授業は休みがちだったという。四年生のときには留年を選択。詳しくは語られなかったが、単位不足という理由だけではなさそうである。こうしてＡさんは同級生から一年遅れで就職活動することになったが、どこからも内定をもらえないまま夏を迎えた。嫌気を起こしたＡさんはバイクで北海道を三ヵ月ほど周り、帰ってからも就職活動を再開することはなかった。それでも卒業だけはするつもりでいたが、書き上げた卒業論文を紛失するというアクシデントに見舞われて翌年九月の卒業になった。

年表メモからも分かるとおり、大学六年生で卒業する前後から引きこもるようになった、というのが事

前の話だった。ところが、大学二年生で「雷」に打たれてから卒業までの三年余りの間の様子を確かめていくと、四年生の時点で引きこもり始めているようにも聞こえる。そこで社会参加の程度を見極めようとする質問を私が行うと（19・21行目）、Aさんは友人たちと徐々に距離ができていったことを語った（32―37行目）。その話が一段落したところで私は「大学四年の頃から走り始めてた」と確認を求め（39行目）、Aさんが同意したのを受けて（40行目）、さらに年表メモと照らし合わせている（41行目）。ところが、Aさんはうなずきながらも「厳密にはもうここ（九四年／大学二年）なんだけど」と、すぐに留保をつける（42行目）。そこで、私はまたも対人関係について確かめようとするが（43行目）、Aさんはそれを軽く流して話題を変えている（44―45行目）。

このとき、直前に経緯を確認したにもかかわらず話がうまく進まずに焦ったこと、Aさん自身も年表メモを眺めながら首をひねっていたことが、今でも記憶に残っている。なぜ私たちはこのように混乱してしまったのだろうか。とくにやりとりが迷走し始めるのは42行目の「厳密には」と保留した後からである。ここに謎を解く手がかりがあるのだが、とりあえず引きこもるようになった時期をめぐるAさんとのやりとりを最後まで見てしまおう。

3-2　後半――「その頃はもう半ひきこもり生活に入ってたのかな?」

私は大学二年生での出来事に関して、「雷」という比喩的表現をもう少し具体的な言葉に置き換えてもらおうとしたが、Aさんからうまく語りを引き出すことはできなかった（46―56行目）。Aさんが自分から語り出したのは、その出来事に対する現在からの意味づけだった。

Ａ：すごい恐怖感があったのは、その日の一時間とか二時間とか、ま、その程度のものなんだけど、うーん（・）、ま、何か、これはちょっとイレギュラーだろうと思ったんだけど、で、後々振り返ってよく考えたら、うん、ほんとはその将来のこととかいうのはもっと中学とか高校とかそういうときから考えとくべきだったんだけど、（・）全然考えないでいた、確かに。だから、大学まで推薦でとりあえず、まあ、そこそこ成績があれば行けるし、大学行くってところまでしか考えてなかったから、ここで何をするとか、その先どうするっていう、あの、概念が全然なくて、大学まで行くってしか、全然なかったから、確かにそのつけをきっと払わされてるんだろうなって思うけど。

ほかの箇所は一問一答形式に近くなっているが、この語りに限っては私の発話を挟まず七行にもわたっており、そのサイズからＡさんにとっての重要性がうかがえる。にもかかわらず、私はこのあと流れを遮るようにレジュメの「もれたらつぶしがきかない」という一文を指し、かつてＡさんが大学進学を絶対視していたことの確認を急いでいる（64―76行目）。そして、ふたたび「そうするとこの大体大学四年から」と時期を確かめつつ、「でも別に積極的に〔友人・知人と〕話はしないけど、できないってわけでは（なかったんですよね?）」と交友関係に話を戻している（77行目）。そのあとはサークルでの経験が一通り語られ（78―109行目）、さらにＡさんが話を続けようとしたところで発話が重なった。ここから再度トランスクリプトを提示しよう。

Ｉ：あ、ごめんなさい、遮っちゃった。思いきり。

Ａ：うん。

112 I：（・）で、（二人で年表メモを確認する）
113 A：今ここ（九七年）でしょ？
114 I：で、九八年の、この六年生になったときにはすでに（・）
115 A：うーん。
116 I：あ、いわゆるひきこもりかも、みたいな（・）
117 A：最初はまあ、一応五年で、
118 I：五年で、
119 A：ってことは（年を数えて）五年いっぱいだから、ここ（九七年）で就職決めて、卒業する予定
120 だったんだけど、ま、結局決まんなくて来年てことになったんだけど、でもま、卒論は出して、卒
121 業しちゃおうと、いうつもりだったんだけど、（・）単位は良かったんだけど、卒論を出し損ねると
122 いう大失敗をして（笑）、で、もうコマはとっちゃってあるから授業は行かなくていいから、あと卒
123 論だけだから、そのためだけの半年。この期間（九八年四〜九月まで）は学校行く必要全然ないから、
124 うーん、一応科目登録のあれだけ出しておしまいだから。
125 I：ずっと何かやってたりとかは、なかったの？　毎日どんな感じで。
126 A：うーん、だからその頃はもう半ひきこもり生活に入ってたのかな？
127 I：自分の中で、これひきこもりって、今から思うと、っていうのはどこで判断（・）
128 A：家にいたってこと自体はそんなこもってたなとは思わないんだけど、こう、外に出ても何か、
129 つまらないというのかなあ、（・）出かけたりはするんだけど、（・・）何かねえ、（・）周りの人が
130 自分のこと何か見下してるように感じてたのね。実際そうだったかどうか知らないけど。（以下、省略）

私は話を中断してしまったことを謝罪しつつも、一呼吸おいた後の「で」という短い発話によって仕切りなおし、Aさんも一緒になって話がどこまで進んだのか確認している（110―113行目）。私はまたしても「で」という発話で先を促し、「すでに」と言った後は間を取っている（114行目）。そうやってAさん自身の「引きこもり始めていた」という語りを引き出そうとしたのだろう。だが、Aさんは「うーん」と唸るのみだ（115行目）。そこで「いわゆるひきこもりかも、みたいな」と迫ってみるものの（116行目）、Aさんはなお明言を避け、二度目の留年について語り始める（117―123行目）。そして、123行目の「学校行く必要全然ないから」という語りを受け、私が「何かやってたりとかは、なかったの？」とたたみかけると（125行目）、Aさんはようやく「半ひきこもり」と生活に入ってたのかな？」と答えらしきことを口にする（126行目）。そのあと私が「ひきこもり」と判断する判断する根拠を尋ねたのに対して、Aさんは「家にいたってこと自体」は本質的なことではないと説明を始めたのだった（127行目以降）。

4 〈対話〉に再挑戦する（2）

4-1 調査する私を振り返る

引きこもり始めた時期をめぐるAさんとのやりとりを、かなり細かく記述してきた。話が蛇行して要領を得ないことは十分に分かってもらえたと思う。また、その場の何となく気詰まりな雰囲気も、ある程度は伝わったのではないだろうか。まずは、石川（2003）をベースに〝いかに語られたのか〟という観点から読み取れることをまとめたい。

今回改めて確認できたのは、Aさんがいつ引きこもったのかは結局分かるようで分からない、ということである。しかし、このインタビューを行ったときの私は、どうもそういうふうにはAさんの話を聞いていなかったようだ。127行目の質問に注目してほしい。この質問は次の点において、ここまでとは大きく異なっている。それは、いつから引きこもり始めたのかという〝時期〟ではなく、何をもって引きこもり始めたと判断するのかという〝根拠〟を尋ねている点である。これ以降のやりとりでも、私は〝時期〟について質問を発していない。このことからは次のことが読み取れる。すなわち、私が126行目の語りを引きこもり始めた時期を確定するに足るものと見なした、ということだ。つまり、卒業するまでが「半」なのだとしたら、「ひきこもり生活」が本格的に始まったのは卒業後と見ていいはずだ。そんなふうに受け止めたからこそ、私は〝時期〟から〝根拠〟へと質問の焦点を移したのだと考えられる。

以上から、調査者である私が「自ら満足できる回答を得るまで統制を行使している」(桜井 2002: 151)ことは明白だろう。このほかにもAさんの話を促すどころか遮っている箇所がいくつかあり(64・110行目)、さらに年表メモに沿って結論めいた語りを性急に引き出そうとしている箇所も多い(29・31・43・77・125行目)。とくに125行目の「ずっと何かやってたりとかは、なかったの?」に至っては、あからさまに「何もやってなかった」という主旨の語りを誘導しており、126行目のAさんはそれに応じただけのようにも見える。一人ひとりの経験に根ざして「ひきこもり」とは何か明らかにすることを目的として調査を始めたはずが、このときの私はそれとは正反対のことをやっていたというわけである。

もうひとつ注目したいことがある。それは「まず最初に学校に行かなくなって」(29行目)、「でも、友だちはいて」(43行目)など、交友関係や通学状況について何度も確認が行われていることだ。この繰り返しは、当時から現在に至るまでフィールドで共有されている「ひきこもり」のイメージを前提におくと説明がつく。それは、精神科医の斎藤環による定義[7]をベースにした〝学校に行かず、働かず、外出や対人関係を避けている〟というイメージである。斎藤は「ひきこもり」の専門家としてメディアに露出する機会が最も多く、その著書は「ひきこもり」に関心を寄せる者にとって必読の一冊となっている。Ａさんも私もインタビューに先立って、斎藤の著書を含む複数の関連書籍に目を通していた。つまり、私たちは「ひきこもり」に関する知識をある程度共有しており、116行目の「いわゆる」という前置きにも表れている通り、それを参照しながらインタビューを進めていたのである。

ここで、ようやく3-1の終わりに提示した謎――どうして42行目の「厳密にはもうここ（一九九四年／大学二年）なんだけど」以降、やりとりが迷走し始めたのか――を解ける。引きこもり始めた時期に該当しそうなのは以下四つである。①大学二年進級時の学科選択後（42行目）、②大学四年で同級生が就職活動を始めた時期（39・40行目）、③留年して大学五年で就職活動を行った時期（19・20行目）、④大学六年で卒業する前後（126行目）。この中で①だけが異質である。というのも、②～④は友人と疎遠になったり大学生活から遠のいたりするなど、いわば社会参加の次元での変化であるのに対し、①は将来への不安に襲われるという精神的次元での出来事だからだ。これだけは私が前提としていた「ひきこもり」の捉え方には当てはまらない。おそらくＡさんの前提からも外れていたのではないかと思う。にもかかわらず、彼は①も始まりとして並べた。そのため二人の間に戸惑いが生じ、話がいっそう蛇行したのだと考えられる。

だが、次元の違う変化が始まりとして並列されるということは、Ａさん自身もそれを意識できていたかどうかは分からないけれども、彼の考える「ひきこもり」はひとつではないということなのだろう。しかも、引きこもったのは将来のことを真剣に考えてこなかった「つけ」を払わされているからだという57―63行目の語りと照らせば、①はＡさんの経験を理解するうえで極めて重要なポイントであることが分かる。

しかし、私はあくまで引きこもり始めた時期を絞り込むことにこだわり、そのことにまったく気づけなかった。当人の語りを重視すると言うなら、まさにこれらの点を追求するべきだったのである。

4-2　Aさんの実存的な問題

どんなに熟達した聞き手であっても、いっさいの「構え」から逃れるのは不可能だ。とはいえ、「構え」に囚われていることにまったくもって無自覚だったという点で、当時の私はあまりに未熟だったと言うほかない。だが、それにもかかわらず引きこもり始めた時期をめぐって一〇分間もやりとりは続き、このあとインタビューが中断されることもなかった。拙い聞き手を軽くあしらい、つっぱねることもできたはずなのに、Aさんはそうしなかったのである。被調査者が自分なりの目的と関心のもとインタビューに応じる「協力者」であり、「語りを操る主体」であること（桜井 2002: 12）を考慮するならば、Aさんが何のために自分の経験を語っていたのか問わねばならない。Aさんが辿ってきた道のりにこのインタビューを位置づけると、ひとつの見解を得られる。インタビューを行った現在を起点にAさんの人生を遡っていこう。(8)

私がAさんにインタビューをお願いしたのは、彼が「ひきこもり」の当事者だったからである。言うまでもないことのようだが、これは非常に重要だ。私は「ひきこもり」の当事者を、そのように自己定義している人びとと捉えてきた。Aさんをはじめ私が出会ってきた当事者は、「ひきこもり」が基本的には否定的評価を伴ったラベルであることを承知の上で、それを引き受けている。引きこもっている人の全てが自らを「ひきこもり」と認めるわけではなく、言ってみれば「ひきこもり」の当事者とは、「ひきこもり」の当事者に〝なった〟人びとである。そうすることによって何かを得られるという判断が、かれらにそのような選択を促したと考えられる（石川 2008）。

さて、Aさんが「ひきこもり」の当事者になったのは、大学を卒業して二年ほど経った頃、「ひきこもり」が社会問題化する少し前のことだ。たまたま手にした雑誌に「ひきこもり」の記事が掲載されており、最初は「何だこりゃ」と思ったものの頭から離れなかったという。そこで図書館に入っていた関連書籍を片っ端から借りて読み進めるうちに、Aさんは「いよいよこれかもしれない」という思いを強くしていった。そして、自分に重なる記述を抜粋して「レジュメ」を作り上げ、それを持って記事で紹介されていた病院を訪れたのだった（なお、この「レジュメ」はインタビューの参照資料のひとつである）。医師から「ひきこもり」と診断されたとき、Aさんはとても「安心」したという。なぜなら、それまでは「怠けなのか、病気なのか何か分かんない」という「方向喪失状態」にあったのが、「ひきこもり」という「名前を与えられた」ことで「立ち位置」が定まったからであり、それさえ定まれば「どこに向かっていけばいいかっていうのがおのずと分かってくる」からである。

そもそも、Aさんはなぜ「方向喪失状態」に陥ってしまったのだろうか。このことに密接に関わっているのが次の語りである。

> 高校から、いい大学入って、何か、そっからいいかどうか知らんけど、（・）ま、就職してっていうコースだよね、いわゆる。（・）それを辿るもんだ、と、それ以外の選択肢が何かあるんだっていうのが全然ピンとこなかった。

この自明視していた「コース」から外れてしまったために、Aさんはひどい混乱に陥ってしまったのである。62―63行目の「大学に行くってところまでしか考えてなかった」ことの「つけ」を払わされているという語りからすると、Aさんにとっての最大の問題は、家族以外の対人関係が失われていたことではなく、この「方向喪失状態」であったと推察される。ただし、渦中にいたときのAさんには何かを「踏み外した」という感覚しかなく、自分が「何になりたかったのか」も分からなければ、「何でこういうことになっちゃったのか」もまったく見当がつかなかったという。

こうした混乱を脱し、自らが置かれている状況に対処するためには、何が問題なのか見極める必要がある。3-2で引用した語りに「後々振り返ってよく考えたら」とあるように(58―59行目)、前段落にまとめた見解はAさんが遡及的に獲得したものである。過去を振り返るためには、足場となる現在が定まっていなければならない。Aさんは「ひきこもり」の当事者に〝なる〟ことで、この足場を手に入れたのである。加えて、関連書籍を抜粋して「レジュメ」を作成していたことから明らかなように、自己を語るための資源として「ひきこもり」に関する諸言説を利用できるようにもなった。さらに、Aさんは診察と並行してカウンセリングも受けるようになったのだが、それは自分の経験を語るための場と、語りを聞き届けてくれる他者をも得たということであった。

Aさんは「ひきこもり」の当事者になった現在から過去を振り返り、どうして自分は引きこもってしまったのか、何が問題だったのか少しずつ整理を進めていった。上述したような「コース」を絶対化していたことを自覚したのは、その過程においてである。このことは「コース」から外れた現在の自分を受け入れる助けになると同時に、就職すれば「あがり」だという人生観の再考を促した。インタビューが終盤に差しかかったあたりで、「ドロップアウトしちゃったけど、ドロップアウトした人間はそれなりの生き方するしかない」とAさんは語った。決して自分を卑下してのことではない。彼はこうも語っていた。「コース」には「もう戻れないっていうことは分かってる」し、その「コース」が「そんなに本筋だとも思ってない」と。このときAさんは新たな生き方の模索を始めていたのではないか。これから自分はどう生きていけばよいのか。自分の生にどのように価値を与えることができるのか。Aさんは語ることによって、生きるうえで根源的なこれらの問いを自分のものとし、その答えを得ようとしていたのだと思う。

それにしても、Aさんは自分の経験を言語化することに貪欲であった。病院のデイケアや自助グループなど当事者同士の集まりで経験を語り合い、ほかの調査者からのインタビュー依頼にも積極的に応じていた。さらには未完成に終わったが自分史も書いていたということを、ずいぶん後になって教えられた。こうしてAさんの道のりを辿ってみて、この貪欲さに改めて納得がいった。自らが生き抜くために彼は語ることを欲したのだ。このインタビュー自体が、Aさんのライフとして理解されねばならない。

4-3 社会問題としての未成熟さ

以上のように、このインタビューはAさんにとって実存的な問題との格闘の場であったと理解できる。「ひきこもり」の当事者になったからこそAさんは自らの経験を語るための語彙と機会を手に入れられたのだが、そのためにはまず「ひきこもり」という問題が広く知られていなければならない。加えて、このときのように引きこもり始めた時期をめぐって延々と話し続けることができたのは、いまから考えれば「ひきこもり」が社会問題化してすぐの二〇〇一年という時点であったがゆえのようである。

「ひきこもり」の時期とそうでない時期とを区別するためには、そもそも何が「ひきこもり」なのかということが定まっていなければならない。しかし、インタビューが行われたのは「ひきこもり」という言葉が人口に膾炙してまだ間がない頃で、複数の治療者・援助者が独自に作成した定義が乱立していた(9)。また、私の通っているフィールドでも「ひきこもり」がどういう状態や人を指すのか大いに議論が盛り上がり、インターネット上の匿名掲示板では〝誰が真の「ひきこもり」なのか〟をめぐって争いが繰り返されていた。「ひきこもり」とは何なのか容易に概念化できないために、人びとの定義に対する関心がいっそう掻き立てられたのかもしれない。[10] Aさんと私が引きこもり始めた時期をめぐって熱心に話し続けることができたのは、こうしたフィールドの状況があったから――というより、私たちのこのやりとりこそが二〇〇一年当時のフィールドの状況そのものにほかならないのである。このことを強調しておきたい。

その後の展開も少し追いかけよう。定義をめぐる過熱気味の議論はそれほど長続きせず、二〇〇〇年代半ばにもなるとすっかり後退していた。時間の経過とともに個々人が直面している課題や困難の多様さが表面化し、それらを単一の定義で包括することの難しさと無意味さが認識されるようになったのだろう。こうした状況を象徴するように思えるのが、「状態としての「ひきこもり」」という独特の言い回しである。ここで言う「状態」とは4-1で触れた〝家族以外の対人関係が失われた状態〟を指す。このことからも私の周囲では斎藤環の影響力が非常に強かったことがうかがえるが、何にしても、この「状態としての」という限定は「ひきこもり」の様々な捉え方を可能にする。[11] 典型的には「状態としての「ひきこもり」」は終わったが、精神的な問題は解決されていない」といった具合だ。つまり、この言い回しを用いることによって、対人関係の有無にかかわらず何らかの精神的葛藤を抱えている状態も「ひきこもり」として認められるようになるのだ。

この表現をよく耳にするようになったのは二〇〇三〜〇四年頃だと思う。[12] これはフリースペースや自助グループなどに参加して対人関係を取り戻したものの、問題が解決されたとは全く思えないと語る当事者が目立ち始めていた時期にあたる。「状態としての」という言い回しは、一般的な「ひきこもり」の捉え方からは外れてしまうが、さりとて「ひきこもり」ではないとも言い切れないような微妙な立ち位置の人たちが、その実感を何とか表現しようと編み出した語彙のひとつと考えられる。二〇〇一年のインタビューでAさんと私が混乱してしまったのは、3-2で確認したように、将来への不安に襲われるという精神的次元での変化も「ひきこもり」の始まりとしてカウントされたからだった。このとき、仮に「状態としての「ひきこもり」」という言い回しが流通していたとすれば、やりとりはもっと違うものになっていただろう。

要するに、Aさんと私の混乱は、「ひきこもり」が社会問題としてはまだ若い時代の産物だったと言える。問題把握が進んでいないゆえに統一的な定義の作成が可能だと考えられており、また個別的な経験を十分に表現しうる語彙も整っていなかった、そういう時代である。ついでに言うと、このあとAさんは講演会や研修など人前で自分の経験を語る機会が増えていくのだが、このインタビューを行った時点では語り手としてはまったくこなれていなかった。さらには、私も当時は「ひきこもり」について独自の見解をまったく持ち合わせておらず、研究の何たるかもまったく分かっていなかった。このときのインタビューがこのようなものになったのは、こうしたいくつもの〝若さ〟が重なり合ったからに違いない。あらゆる出会いがそうであるように、インタビューには時機があり、また一回限りであるということ。そのことをいま深く感じている。

5　おわりに

結局のところ、Aさんはいつから引きこもり始めたのだろうか。4-1冒頭でも少し触れたが、トランスクリプト125行目あたりからすると、当時の私は大学を卒業する前後と理解したようである。しかし、これを書いている現在の見解は違う。分からない、というのがそれだ。もう少し丁寧に言うと、ここから「ひきこもり」になったと判断できるような明確な時点があるわけではない。Aさんの語りに素直に耳を傾ければすぐに分かりそうなものだが、そうはならない複数の文脈があったことを前節では見たのだった。

さらに、文脈化の作業を経て、もっと根本的なことに気づいた。4-2で述べたとおり、Aさんは「ひきこもり」の当事者になった人である。このなったという表現は、それを彼の選択とみなすというひとつの見方を示している。Aさんは自らの困難に対処するため、「ひきこもり」の当事者になることを選んだ。そして、インタビューを引き受けたのも同様の理由からであって、彼にとっては単なる調査協力ではなかったと理解できる。こうしてAさんの足取りを一歩ずつ辿ってみると、彼はただ自分の人生を生きてきたに過ぎないことを強く感じさせられる。この見地からは、Aさんの歩みを「ひきこもり」とそうでない時期とに分けることにさほどの意味は見出せず、また分けられなくて当然であることにも納得がいく。インタビューから一〇年以上が経ってようやく、Aさんのライフに少し触れられたように感じている。そして、それとともに私自身のライフにも触れたという気がする。まだ十分に言語化できないが、この感覚は4-3の最後で述べたインタビューの一回性に対する実感と結びついている。

もう少し言葉を足そう。「ひきこもり」をめぐる時代的・社会的状況と、Aさんと私という二人のインタビュー当事者の個人誌的状況の交差した一点が、このやりとりであるという視点を今回獲得することができた。線自体はもちろんのこと、それらの交わる角度が少し違っただけでも、出来上がる点はまったく別物になってしまう。この視点がライフに触れたという感覚をもたらしたのではないか。なぜなら、生きるということは、それこそ偶然と必然が織り合わされて二つとない模様が描かれていくようなものだからである。やりとりを成り立たせた文脈の重層化を通して、次のことを感得できたように思う。インタビューは私たちが生きている現場そのものであり、ゆえに、そこに至るまでの互いの道のりや、時代的・社会的状況を含めた時機がほんの少しでもずれていたら、その場がそのようにして成立することはあり得なかった、ということを。

さて、結ばれた点（インタビューでのやりとり、ひいてはライフのありよう）がどういうものか知るためには、どういう線がどのように交わっているのかつぶさに見なければならない。その線とは、たとえば時代的・社会的状況、フィールドの特徴、語り手と聞き手の関係性、それぞれの個人誌的状況などである。つまり、インタビューでの語りを理解するとは、ただインタビューにおける語り手と調査者のやりとりの詳細や、調査者の経験のみを反省的に記述すればよいということではない。そしてまた、ライフストーリー研究は語り手個人の経験だけ、ましてや調査者自身の経験しか描けないということでもない。見方を変えれば、ある点を見るときには、それを構成する線をも同時に見ていることになる。というより、それを構成する線を見ずして、その点を見ることはできない。4-3の最後で二〇〇〇年代前半のフィールドの動向にAさんへのインタビューを位置づけたが、そうすることなしには、どうしてあのようなやりとりになったのか理解するのは不可能である。かつまた、二人のやりとりを離れて当時の時代的・社会的状況を描き出すこともできないのである。

まとめよう。ライフストーリー研究は「語り手として目の前にいるその人が、いかにして今のその人になったのか。そして、調査者として向かい合っている私に対して、どうしてそのことを、そのように語るのか」について、インタビューでの語りを複数の文脈に位置づけることで一定の筋道をつけようとするものである。複数の文脈の交差からは、語り手のライフ、およびインタビューのもう一方の当事者である調査者のライフ、さらには当時の時代的・社会的状況が立ち上がってくる。

加えて、文脈の重層化を通してインタビューの一回性も明らかになる。別様に表現するならば、インタビューとは言葉のもともとの意味において〝有り難い〟ものである、ということだ。語り手と調査者の双方が「主体」であるというライフストーリー研究の出発点に立たなければ、このことに思い至ることはなかっただろう。それを社会学の調査研究の方法のひとつとして、どこに結びつけていけばいいのか現時点では明確な見解を持ち得ていない。だが、この〝有り難さ〟への感性を抜きにして、私たちのライフを、そして、他でもないそのようなライフのあり方を可能にした時代と社会の姿を描き出すことはできないと確信している。インタビューの〝有り難さ〟を通して何を見せられるのか、これは具体的な作品によって明確にしていくべきことである。

それにしても、ほんの十分程度のやりとりであっても、これだけ文脈を重ねられることに驚いた。語りはそれだけの厚みと深みを備えているということだが、この厚みと深みはおのずと見えるようなものではない。聞き手／書き手である調査者が、たとえば文脈の重層化など何らかの仕方で表現するものである。したがって、調査者が経験や知識を積み重ねていけば、おのずと見せられるものは変わってくる。しかも、フィールドや社会の状況は時々刻々と移り変わり、語りを位置づける文脈も一定不変ではない。だから語りは色褪せないし、インタビューを行ってから十年以上を経てなお〈対話〉の可能性に挑戦することもできるのである。

ただし、この論文における私の〈対話〉の相手は誰だったのだろうか。語り手であるAさんというよりは、インタビューを初めて行い、そこで自分が何をしたのか反省している当時の私自身であったかもしれない。これを〈対話〉と呼べるのか疑問に思う向きもあるだろう。だが、執筆したものは何らかのかたちで読者に届けられることを考えれば、〈対話〉は語り手－聞き手に加え、書き手－読み手の間でも成立しうると言える。2–1でも触れたように、書かれたものをどう受け止めるかは読者に委ねられており、語り手がそれを自分の経験として受け入れるかどうかも分からない。そこは書き手である私の領分ではない。私に許されているのは、インタビューでの語りを何とか理解しようとし、文章にしたものを投げかけることだけである。そして、その投げかけに応答してもらい、〈対話〉を継続させられるだけのものとするには、インタビューでの語りを私はこのように理解したのだ、と一人称で掘り下げていくしかない。そして、この一人称へのこだわりが普遍的な何かへと突き抜けていくように思うのだ。二重の意味で〈対話〉を終わらせないこと。ライフストーリー研究の欠くべからざる個性である。

【注】

（1）川又俊則は二〇〇〇年代後半以降に刊行された社会調査のテキストを概観し、ライフストーリー研究が「社会調査・社会学のなかで、一定程度市民権を得た」ことを確認している（川又 2013: 21–3）。

（2）ライフストーリー研究には失敗談や懺悔から始まるものが多いが（e.g. 桜井 2002; 桜井・小林編 2005; 桜井・山田・藤井編 2007）、これは語り手からの反論や抗議、あるいは語り手に対するどちらかと言えばネガティブな感情（戸惑い、苛立ち、驚き、不全感など）は、自らの「構え」を意識化するきっかけや手がかりになるためである。

（3）有末賢（2000）は、インタビューののち数十年にわたり、調査者の側において「意味の生成」が持続しうることを指摘している。また、山田富秋（2013）は「何年間もかけて、その語りと格闘した結果、最終的に腑に落ちる瞬間がやってくるという理解の現象」、すなわち「運命的瞬間」について論じている。

（4）拙著を読んでくれた人から、当事者たちの語りはもちろんのこと、調査者である私の態度や思考の変化も同様に興味深かった、という感想をもらったことが度々ある。

（5）なお、あるインタビューが実際に〈対話〉になっているのかどうか評価したり、どこまで反省的検討を徹底すれば〈対話〉になったと言えるのか基準を明示したりすることには関心がない。なぜなら、ライフストーリー研究が目指すのは、あくまでインタビューでの語りから語り手の経験を理解することだからである。〈対話〉はこの目標の達成を助けるものであって、それ自体が目標ではないことを付け加えたい。

（6）これは野口裕二が言うところの「物語的理解」に重なる。ある出来事に辿り着くまでの展開に「一貫性」を見出せたとき、私たちはその出来事を「理解できた」と感じる（野口 2002: 25）。ライフストーリー研究では語り手のライフを「ひとつの「物語」として」（野口 2002: 23）描くことになるが、さらに重要なのは、それとともにインタビューの場でどういうやりとりを交わし、そこでの語りをどのように理解していったのかという調査者の「物語」を描くことである（石川 2012: 8）。これは前項で述べた調査過程の反省的記述にあたり、それはまた〈対話〉のありようを描くことでもある。

（7）「二〇代後半までに問題化し、六ヶ月以上、自宅にひきこもって社会参加をしない状態が持続しており、ほかの精神障害がその第一の原因とは考えにくいもの」（斎藤 1998: 25）。

（8）本項の内容は石川（2007）の第四・五章にあたる。ここでのAさんは、Bさんとして登場している。

（9）「ひきこもり」は一九九九年末から二〇〇〇年前半にかけて、犯罪報道を通して社会問題のひとつとして認知されたというのが定説である。二〇〇〇年代の動向については石川（2007）の第二章、および工藤（2008）を参照。

（10）「ひきこもり」を定義することの難しさを論じたものとして、川北（2003）と工藤（2004）がある。

（11）厚生労働省が全国の精神保健福祉センター・保健所に通達した対応のガイドラインも、「ひきこもり」「就労や就学などの自宅以外での生活の場が長期にわたって失われている状態」であることを強調している（厚生労働省 2003: 傍点は引用者による）。この捉え方は精神医学によるスクリーニングの必要性を強調することと背中合わせになっているのだが（工藤 2013）、いずれにしても、ここでAさんと私が当たり前に使っている「状態としての「ひきこもり」」はフィールド限定的な用語法であることを断っておかねばならない。この点を掘り下げることで当時のフィールドの状況をよりクリアに描き、また文脈が複層的に作用するものであることを明らかにできるだろう。以上は工藤宏司氏にご指摘いただいた。記して感謝する。

（12）この言い回しに関しては、二〇〇三年六月に行ったAさんとは別の調査協力者へのインタビューが手元にある記録の中では最も古い。ここでの議論の詳細は石川（2007）の第四章を参照。

【文献】

有末賢（2000）「生活史調査の意味論」『法学研究』73（5）：1–27.

石川良子（2003）「当事者の「声」を聞くということ――Aさんの〝ひきこもり始め〟をめぐる語りから」『年報社会学論集』16: 200–11.

――（2007）『ひきこもりの〈ゴール〉――「就労」でもなく「対人関係」でもなく』青弓社

――（2008）「「ひきこもり」の当事者は〈居場所〉で何を得ているのか」荻野達史・川北稔・工藤宏司・高山龍太郎編『「ひきこもり」への社会学的アプローチ――メディア・当事者・支援活動』ミネルヴァ書房、100–26.

――（2009）「「分からないことが分かる」ということ――調査協力者への共感をめぐって」『質的心理学フォーラム』1: 23–31.（再録：（2014）『インタビューという実践（質的心理学フォーラム選書1）』新曜社）

――（2012）「ライフストーリー研究における調査者の経験の自己言及的記述の意義――インタビューの対話性に着目して」『年報社会学論集』25: 1–12.

川北稔（2003）「「引きこもり」の援助論と親の位置――介入の根拠と責任をめぐって」『名古屋大学社会学論集』24.

川又俊則（2013）「ライフストーリー研究の概観――インタビューを中心に」平成22年度科学研究費補助金（基盤研究C）成果報告書（研究代表・塚田守）『ライフストーリーセンター構築によるストーリーの社会学的研究』(http://blog.sugi-yama-u.ac.jp/user/mamoru/2013/04/post-48.html)

小林多寿子（1995）「インタビューからライフヒストリーへ――語られた「人生」と構成された「人生」」中野卓・桜井厚編『ライフヒストリーの社会学』弘文堂、43–70.

厚生労働省（2003）『一〇代・二〇代を中心とした「ひきこもり」をめぐる地域精神保健活動のガイドライン：精神保健福祉センター・保健所・市町村でどのように対応するか・援助するか』(http://www.mhlw.go.jp/topics/2003/07/tp0728-1.html)

工藤宏司（2004）「ひきこもり」高原正興・矢島正見・森田洋司・井出裕久編著『社会病理学講座第3巻　病める関係性』学文社

――（2008）「ゆれ動く「ひきこもり」――「問題化」の過程」荻野達史・川北稔・工藤宏司・高山龍太郎編『「ひきこもり」への社会学的アプローチ――メディア・当事者・支援活動』ミネルヴァ書房

――（2013）「「ひきこもり」社会問題化における精神医学――暴力・犯罪と「リスクの推論」」中河伸俊・赤川学編『方法としての構築主義』勁草書房

野口裕二（2002）『物語としてのケア――ナラティヴ・アプローチの世界へ』医学書院

小田博志（2009）「エスノグラフィーとナラティヴ」野口裕二編『ナラティヴ・アプローチ』勁草書房、27–52.
斎藤環（1998）『社会的ひきこもり——終わらない思春期』ＰＨＰ
桜井厚（2002）『インタビューの社会学——ライフストーリーの聞き方』せりか書房
——（2012）『ライフストーリー論』弘文堂
——・小林多寿子編著（2005）『ライフストーリー・インタビュー——質的研究入門』せりか書房
佐藤健二（1995）「ライフヒストリー研究の位相」中野卓・桜井厚編『ライフヒストリーの社会学』弘文堂、13–41.
——・山田一成編著（2009）『社会調査論』八千代出版
山田富秋（2011）『フィールドワークのアポリア——エスノメソドロジーとライフストーリー』せりか書房
——（2013）「インタビューにおける理解の達成」山田富秋・好井裕明編『語りが拓く地平——ライフストーリーの新展開』せりか書房、121–43.

あとがき

本書の企画意図や経緯について、個人的な思いも交えながら簡単に記しておきたい。本書は桜井厚さんの定年退職の記念として企画された。桜井さんが立教大学を退職したのは二〇一三年三月、それから二年が経過してしまったが、ともあれ出発点はそこである。桜井さんには二〇一〇年秋口に、記念になるような論集を作りたい、そのために研究会を立ち上げたいと伝えた。締切りまでに各自で原稿を仕上げるのではなく、皆でテーマ・内容を検討しながら完成させていくようにしたかったからである。そして二〇一一年一月、ライフストーリー研究会の若手の常連メンバーを中心に呼びかけて第一回目の会合を持ち、ここで「対話的構築主義研究会」という名称が決まった。その後は数ヵ月おきに集まり、適宜メールでもやりとりを行った。また、八ヶ岳の麓にある桜井さんのご自宅で合宿したこともある。

本書を企画するにあたり、調査研究の実践に基づいて方法論を論じること、執筆陣は若手に絞ること、この二点は最初から明確にイメージしていた。とくに前者に関しては桜井さんも強いこだわりがあるようで、研究会でも次のように繰り返していた。方法論といってもいたずらに理論的検討に走ることなく、また単なる調査手順の解説に陥ることなく、常にフィールドに立ち返り、自分が何をやってきたのか論じることが重要である、と。執筆作業に行き詰ったときは、桜井さんのこの言葉を思い出すようにしていた。

執筆者を若手に限定したのは、自分なりの方法論をまだ確立していない、あるいは今まさに確立しつつある者同士で切磋琢磨する機会を作りたかったからである。序章で触れたとおり、これまでライフストーリー研究への疑問や批判に対する応答は不十分なまま留まっていたが、こと若手に関しては方法論に取り組めるだけの調査研究の蓄積がないことが大きかったと思う。しかしながら、私自身の反省を込めて言えば、桜井さんに頼りきりで自分で応える努力をしてこなかった部分もあるのではないか。そして、それゆえに『インタビューの社会学』以降、ライフストーリー研究をきちんと発展させることができなかったのではないか。そこで、桜井さんに影響を受けながら研究してきた若手同士で集まり、それぞれが実践してきたライフストーリー研究を相互検討する機会を持ちたいと思った。

比較的早くから準備を始めたにもかかわらず、ここまで出版が遅れてしまったのは、何より取りまとめ役である私の怠慢と能力不足による。しかし、言い訳に過ぎないとのご批判とご叱責を承知のうえで言えば、この数年のうちに私自身を含む複数の執筆メンバーが、博士論文の執筆や書籍化、就職、異動などを経験したことも無関係ではない。桜井さんが定年退職するタイミングと、研究者人生の初期に桜井さんと出会った若手研究者が節目を迎えるタイミングが重なったことには、単なる巡り合わせ以上の意味があると思う。

本書を作り上げるために「対話的構築主義研究会」を立ち上げたと述べたが、この名称に込めたのは「対話的構築主義をそのまま受け継ぐための研究会」ではなく、「対話的構築主義を批判的に捉え直すための研究会」というニュアンスである。個人的には、桜井さんの研究を「学び捨てる」ぐらいのつもりで取り組んできた。だからと言って桜井さんには回顧録のようなものでお茶を濁してほしくなかったし、生意気ながら現時点における最前線を書いてほしいとお願いもした。

なお、本書の見本として『ライフヒストリーの社会学』（中野卓・桜井厚編、弘文堂、一九九五年）を念頭に置いていたことを付け加えておきたい。故中野卓さんの定年退職を記念して、桜井さんが中心になって企画した論文集である。生活史研究会のメンバーが共同で作りあげ、現在ではライフヒストリー研究における必読文献にもなっている。本書もまた桜井さんの退職を記念しつつ、ライフストーリー研究のみならず社会調査方法論に一石を投じ、やがてはスタンダードに加えられるような水準を目指した。

最後になったが、新曜社の髙橋直樹さんには大変お世話になった。退職記念論集としてありがちな寄せ集めではなく、質的調査の次の一手を指し示すような論文集を作りたいという趣旨に賛同し、編集を引き受けてくださったことに心から感謝したい。また、髙橋さんをご紹介くださった小宮友根さんにも、この場を借りてお礼申し上げたい。本書がライフストーリー研究を専門としない人たちにも幅広く読んでもらえるような仕上がりになっているとしたら、それは髙橋さんが本書に関する相談とも愚痴ともつかないような長話に幾度となく付き合ってくださり、また各章に対して的確で丁寧なコメントを出してくださったおかげである。

ライフストーリー研究に何ができるか。本書が投げかけたこの問いをめぐって、複数の場で対話が生まれることを切に願う。

石川良子

索　引

矢吹康夫（やぶき・やすお）【7章】
1979年生まれ。立教大学大学院社会学研究科博士後期課程満期退学。博士（社会学）。現在は立教大学社会学部助教、日本アルビニズムネットワーク運営スタッフ。専門は障害学。著書に『私がアルビノについて調べ考えて書いた本――当事者から始める社会学』（生活書院、2017年）など。

倉石一郎（くらいし・いちろう）【8章】
1970年生まれ。京都大学大学院人間・環境学研究科博士後期課程修了。博士（人間・環境学）。 現在は京都大学大学院人間・環境学研究科教授。専門は教育社会学、教育福祉社会史。著書に『アメリカ教育福祉社会史序説――ビジティング・ティーチャーとその時代』（春風社、2014年）、『増補新版 包摂と排除の教育学――マイノリティ研究から教育福祉社会史へ』（生活書院、2018年）など。

本書のテキストデータが必要な方へ

本書のご購入者のうち、視覚障害・肢体不自由等により書字へのアクセスが困難な方へテキストデータの提供をいたしております。ご希望の方は以下から提供方式を選んでお申し込みください。

データCD-Rの郵送をご希望の方：ご連絡先を明記の上、引換券（コピー不可）および140円分の切手を小社までお送りください。
メールによるファイル送信をご希望の方：メールアドレスとご連絡先を明記の上、引換券（コピー不可）を小社までお送りください

■あて先
〒101-0051
東京都千代田区神田神保町3-9
新曜社第二編集部　LS研究データ係

【引換券】
LS研究に
何ができるか

著者紹介

西倉実季（にしくら・みき）**【序章・2章】**
1976年生まれ。お茶の水女子大学大学院人間文化研究科博士後期課程修了。博士（社会科学）。現在は和歌山大学教育学部准教授。専門はライフストーリー研究、障害学。著書・論文に『顔にあざのある女性たち――「問題経験の語り」の社会学』（生活書院、2009年）、「ライフストーリー研究における対話――それは誰と誰のあいだの対話なのか？」（『ナラティヴとケア』第6号、2015年）など。

青山陽子（あおやま・ようこ）**【3章】**
成蹊大学他非常勤講師。東京大学大学院医学系研究科博士課程満期単位取得退学。博士（文学）早稲田大学。専門はスティグマの社会学、質的調査。著書・論文に、『病いの共同体――ハンセン病療養所における患者文化の生成と変容』（新曜社、2014年）、「地域生活支援の現場で働く」山田富秋編著『ライフストーリーの社会学』（北樹出版、2005年）など。

酒井アルベルト（さかい・あるべると）**【4章】**
1976年生まれ。千葉大学大学院社会文化科学研究科博士後期課程修了。博士（学術）。現在は琉球大学国際地域創造学部准教授。専門は移民研究、メディア論、スペイン語教育。論文に「「デカセギ」の十五年――日系性を生きる道」桜井厚編『戦後世相の経験史』（せりか書房、2006年）など。

張　嵐（チョウ・ラン、Zhang Lan）**【5章】**
1983年中国湖南省生まれ。2010年、千葉大学大学院人文社会科学研究科博士後期課程修了、博士（学術）。日本学術振興会外国人特別研究員、立教大学社会学部特別研究員を経て、2012年より、中国暨南大学（Jinan University, Guangzhou, China）新聞与伝播学院副教授。専門は社会学、日中関係研究、ライフストーリー研究、中国残留孤児研究。著書に『「中国残留孤児」の社会学――日本と中国を生きる三世代のライフストーリー』（青弓社、2011年）など。

八木良広（やぎ・よしひろ）**【6章】**
1979年生まれ。慶應義塾大学大学院社会学研究科後期博士課程単位取得退学。博士（社会学）。現在は、昭和女子大学人間社会学部助教。専門は原爆被害の戦後史。論文に、「原爆問題と被爆者の人生に関する研究の可能性」浜日出夫・有末賢・竹村英樹編著『被爆者調査を読む』（慶應義塾大学出版会、2013年）、「原爆問題について自由に思考をめぐらすことの困難」『排除と差別の社会学（新版）』（有斐閣、2016年）など。

編者紹介

桜井　厚（さくらい・あつし）【1章】
1947年生まれ。東京都立大学大学院博士課程満期退学。千葉大学教授・立教大学教授を経て、現在は一般社団法人日本ライフストーリー研究所代表理事。専門はライフストーリー／オーラルヒストリー研究。著書に『インタビューの社会学』（せりか書房、2002年）、『境界文化のライフストーリー』（せりか書房、2005年）など。

石川良子（いしかわ・りょうこ）【序章・9章】
1977年生まれ。東京都立大学大学院社会科学研究科博士課程修了。博士（社会学）。現在は松山大学人文学部社会学科教授。専門は社会問題論。著書・論文に『ひきこもりの〈ゴール〉――「就労」でもなく「対人関係」でもなく』（青弓社、2007年）、「ライフストーリー研究における調査者の経験の自己言及的記述の意義――インタビューの対話性に着目して」（『年報社会学論集』25号、2012年）など。

新曜社　ライフストーリー研究に何ができるか
対話的構築主義の批判的継承

初版第1刷発行　2015年4月9日
初版第4刷発行　2021年10月19日

編　者　桜井　厚・石川良子

発行者　塩浦　暲

発行所　株式会社　新曜社
101-0051　東京都千代田区神田神保町3-9
電話（03）3264-4973（代）・FAX（03）3239-2958
e-mail：info@shin-yo-sha.co.jp
URL：http://www.shin-yo-sha.co.jp/

印刷所　新日本印刷
製本所　積信堂

ISBN978-4-7885-1398-3　C3036